ENTRAÎNEZ-VOUS

GRAMMAIRE

Exercices niveau avancé

Évelyne SIREJOLS

27, rue de la Glacière – 75013 PARIS
Vente aux enseignants: 16, rue Monsieur-le-Prince – 75006 PARIS

Édition : Françoise Lepage
Composition et maquette : Joseph Dorly

© CLE international, 1993 — ISBN 2-19-033842-5

SOMMAIRE

I. L'interrogation/la négation/ l'interro-négation/l'exclamation
- A. L'interrogation 7
- B. L'interro-négation 9
- C. La négation 11
- D. L'exclamation 13
- Bilan 15

II. Le conditionnel
- A. Le conditionnel présent : emplois 16
- B. Le conditionnel passé : forme et emplois 18
- C. La concordance des temps 21
- Bilan 25

III. Les temps du passé
- A. Emploi de l'imparfait, du passé composé et du plus-que-parfait 26
- B. Le passé simple : forme et emploi 30
- C. Le passé antérieur et le passé surcomposé : formes et emplois 34
- D. La concordance des temps dans le discours rapporté au passé 36
- Bilan 39

IV. Les pronoms personnels compléments
- A. La double pronominalisation avec **le, la, les, me, te, lui, nous, vous, leur, en, y** 40
- B. Les constructions indirectes avec **à** et **de** 43
- C. Les pronoms neutres **le, en, y** 47
- Bilan 50

V. Les pronoms relatifs
- A. **Qui, que, où, dont, ce dont, quoi** 51
- B. **Lequel, laquelle, duquel, de laquelle…, auquel, à laquelle** ... 54
- C. La mise en relief 58
- Bilan 59

VI. Les constructions verbales
- A. Les constructions impersonnelles 60
- B. Les constructions verbales avec **à** et **de** 61
- C. Les constructions verbales suivies de l'infinitif 63
- D. Les constructions verbales suivies du subjonctif 64
- E. Les constructions verbales suivies de l'infinitif, de l'indicatif ou du subjonctif 66
- Bilan 69

VII. Le passif
- A. Le passif des temps de l'indicatif 70
- B. Le passif du subjonctif 72
- C. Les verbes pronominaux à sens passif 73
- Bilan 76

VIII. Le subjonctif passé
- A. Forme 78
- B. Valeurs et emplois 80
- Bilan 83

IX. Les pronoms
- A. Les pronoms démonstratifs 84
- B. Les pronoms possessifs 86
- C. Les pronoms interrogatifs 88
- D. Les pronoms indéfinis 90
- Bilan 94

X. Le futur antérieur
- A. Forme 95
- B. Valeurs et emplois 96
- Bilan 100

XI. Les formes en ANT
- A. L'adjectif verbal 101
- B. Le gérondif présent et passé 103
- C. Le participe présent et le participe présent passé 106
- Bilan 109

XII. La conséquence 110
- Bilan 114

XIII. L'opposition 115
- Bilan 118

XIV. La concession et la restriction
- A. Principales constructions 119
- B. **Bien que…, à moins que, encore que, quoique…** + subjonctif 121
- C. **Avoir beau, mais, pourtant, cependant, malgré, même si** 122
- Bilan 124

XV. Les articulateurs du discours
- A. Les articulateurs chronologiques 125
- B. Les articulateurs logiques 128
- B. Quelques difficultés particulières 129
- Bilan 132

Corrigés 133

Index 142

Avant-propos

Ce cahier s'adresse à un **public de niveau avancé** en français ; il a pour objectif **le réemploi et l'ancrage de structures grammaticales** préalablement étudiées : les exercices proposés doivent permettre à l'apprenant de fixer ses acquisitions par le maniement des formes syntaxiques. Complément des méthodes, il offre un véritable entraînement grammatical.

Les quinze chapitres de cet ouvrage, introduits par un proverbe ou un dicton, couvrent les faits de langue les plus fréquemment étudiés à ce niveau d'apprentissage, avec une organisation semblable à celle des méthodes actuelles qui mettent en relation besoins langagiers de la communication quotidienne et progression grammaticale.

Conçus pour des étudiants de 3e et 4e année, les exercices sont **faciles d'accès** ; les énoncés sont brefs, sans pour autant être éloignés des réalisations langagières authentiques.

Les exercices sont présentés de **façon claire**, accompagnés d'exemples, évitant ainsi l'introduction d'un métalangage avec lequel l'apprenant est peu familiarisé. Les exercices sont généralement composés de dix phrases, ce qui simplifie dans une classe l'évaluation des connaissances.

Chaque aspect grammatical est présenté à travers une **variété d'exercices** à difficulté progressive ; **leur typologie est connue des apprenants** : exercices à trous, exercices à choix multiple, exercices de transformation et de mise en relation.

Un bilan, plus souple dans sa présentation que les exercices, termine chaque thème, mettant en scène les différents aspects grammaticaux étudiés dans le chapitre. Il permet d'évaluer le degré d'acquisition de la difficulté grammaticale abordée et, si nécessaire, de retravailler les points encore mal acquis.

La conception pédagogique de chaque activité veut amener l'apprenant **à réfléchir sur chaque énoncé**, tant du point de vue syntaxique que du point de vue sémantique. Les exercices dont les réponses sont nécessairement dirigées n'impliquent pas pour autant un travail automatique sans réflexion sur les faits de langue étudiés.

Quant aux temps des verbes, dont la maîtrise est souvent difficile, ce n'est pas seulement leur formation qui importe mais aussi leur **emploi** et leur **valeur**.

Afin de faciliter **l'entraînement des apprenants autonomes**, chaque exercice trouve sa correction, ou les différentes formes acceptables, dans la partie *Corrigés*, à la fin de l'ouvrage.

L'index devrait également faciliter l'utilisation de ce cahier ; grâce aux multiples renvois à l'intérieur des chapitres, il permet d'avoir accès à une difficulté grammaticale particulière ne figurant pas dans le sommaire.

Ce cahier devrait ainsi apporter à l'étudiant une plus grande maîtrise de la langue en lui donnant l'occasion d'affiner sa compétence linguistique… et par là même sa compétence de communication en français.

I. L'INTERROGATION / LA NÉGATION / L'INTERRO-NÉGATION / L'EXCLAMATION

RIEN NE SERT DE COURIR, IL FAUT PARTIR À POINT.

A. L'interrogation

1 Distinguez le style courant du style soutenu.

✓ Exemples : Auriez-vous l'heure ? (soutenu)
Tu peux me donner du feu ? (courant)

a. Pourriez-vous m'indiquer la station de métro la plus proche ? (......S......)
b. Est-ce que vous avez déjà assisté à un spectacle à l'opéra ? (......S......)
c. Tu connais les horaires du Centre Pompidou ? (......C......)
d. Le musée Picasso est-il ouvert le lundi ? (......C......)
e. Le train pour Toulouse, c'est un rapide ? (......C......)
f. Savez-vous où se trouve le cinéma Max Linder ? (......S......)
g. Tu sais combien de femmes travaillent en France ? (......C......)
h. Vous avez payé combien votre aller-retour Paris-Nice ? (......C......)
i. Peux-tu m'abonner au Gymnase Club ? (......C......)
j. Aimeriez-vous voyager au Québec ? (......S......)

2 Réécrivez ces questions dans un style plus soutenu.

✓ Exemple : Tu peux me prêter ton stylo ? ▸ Peux-tu me prêter ton stylo ?

a. Tu lis *Le Point* chaque semaine ? *Lis-tu, lisez-vous Le P. chaque semaine*
b. Vous pensez que les Français vivent au-dessus de leurs moyens ? *Pensez-vous que*
c. Est-ce qu'ils se sentent vraiment Européens ? *Se sentent-ils*
d. Tu es déjà allé à Eurodisney ? *- Es-tu déjà allé ...*
e. Vous savez que cinq cents logements ont été cambriolés en 1991 ? *Savez-vous que...*
f. Les enfants français reçoivent de l'argent de poche régulièrement ? *Reçoivent les enfants*
g. Le Premier ministre a été nommé par le Président ? *Été le PM nommé par...*
h. C'est vrai que les « fast-foods » totalisent 6 % des repas pris à l'extérieur ? *Est-il vrai que...*
i. Vous saviez qu'un Français sur trois n'avait aucun diplôme ? *Saviez-vous qu'un...*
j. Tu me croiras si je te dis que les prix de l'immobilier ont doublé à Paris en cinq ans ? *Me croiras-tu si je te dis*

g) *a-t-il été nommé*

3

Associez les questions et les réponses et indiquez pour chaque question s'il s'agit d'un style soutenu (S) ou courant (C).

4/10

✓ Exemple : Qu'est-ce que c'est ? (C) – Un camescope.

✓ a. Qu'est-ce que c'est ? 10 C
✗ b. Avec qui pars-tu en vacances ? 1 (C)
✗ c. Qu'est-ce que vous faites dimanche ? 6 (S)
✗ d. De quoi est-ce que tu parles ? 2 (S)
✗ e. Qui accompagnez-vous à la Comédie-Française ? 9 (C)
✓ f. Tu fais quoi ce soir ? 7 C
✗ g. Qui est-ce ? 3 (C)
✗ h. Avec quoi est-ce que tu pars ? 4 (S)
✓ i. Pour qui c'est ? 5 C
✓ j. Vous partez quand ? 8 C

1. Avec Caroline Millot.
2. Du dernier film de Deville.
3. C'est Catherine Deneuve.
4. Avec mon manteau gris.
5. Pour Antoine.
6. Je fais une randonnée à Fontainebleau.
7. Je sors avec des amis.
8. Dans trois jours.
9. Mes amis suisses.
10. Un camescope.

4

À la manière de… Reformulez les questions suivantes selon qu'elles sont posées par un « ado »* ou par une « BCBG ».**

5/10

✓ Exemples :

ADO	BCBG
C'est quoi ?	Qu'est-ce ?
Anne-Sophie, qu'est-ce qu'elle dit ?	Que dit Anne-Sophie ?

✗ a. À qui tu écris ? — À qui écris-tu ? ▸ À qui est-ce que tu écris ?
✓ b. Qu'est-ce que vous lisez en ce m... ◂ Que lisez-vous en ce moment ?
✓ c. Avec qui est-ce que tu sors... ◂ Avec qui sors-tu samedi soir ?
✗ d. À quoi tu t'intéresses en général ? — t'intéresses-tu ? ▸ Qu'est-ce que tu t'intéresse...
✓ e. De qui est-ce que vous parlez ? ◂ De qui parlez-vous ?
✗ f. Tu prends quoi comme boisson ? — Que prends-tu ? ▸ Qu'est-ce que tu prends...
✓ g. Qu'est-ce que vous choisissez ? ◂ Que choisissez-vous ?
✗ h. Tu te moques de qui ? — De qui te moques-tu ? ▸ Qui est-ce que tu moques ?
✓ i. À qui est-ce qu' Alice téléphon... ◂ À qui Alice téléphone-t-elle ?
✗ j. Qu'est-ce que vous servez avec... ◂ Avec quoi servez-vous le foie gras ?
       Vous servez le fg avec quoi ?
       Avec quoi est-ce que vous servez le fg

* ado : adolescent
** BCBG : bon chic bon genre

5

Posez des questions en utilisant *quel*, *quelle*, *quels* ou *quelles*.

✓ Exemple : J'ai 34 ans. ▸ Quel âge avez-vous ?

a. Je suis conseiller en gestion. (quelle)
b. 25, rue de la République. (quelle) Dans quelle rue habitez-vous ?
c. Célibataire. (quelle)
d. Le tennis et le rafting. (quels) Quels sports préférez-vous ?
e. Un peu de musique classique mais essentiellement du jazz. (quelles) Quelles musiques écoutez-vous
f. Je suis Bélier ascendant Lion. (quel)

g. Le chiffre 7. (quel)
h. J'adore les nouvelles de Maupassant et les contes de Voltaire. (quels)
i. Le bleu et le noir. (quelles) *Lesquelles couleurs sont vos favoris?*
j. La tarte Tatin. (quel) *Quel dessert aimez-vous*

6 Voici des réponses. Faites porter les questions sur les éléments soulignés en utilisant *quel, quelle, quels* ou *quelles*, précédé ou non d'une préposition.

Exemple : ***Dans quelles*** régions mange-t-on le mieux ? – Dans le Périgord en Alsace et dans la région lyonnaise.

a. .... prix moyen revient un repas pris dans un fast-food ? – À 23 francs.
b. La part du budget consacré à l'alimentation correspond .... proportion ? – À 19,7 % en 1989.
c. .... catégorie de gens passe-t-on le plus de temps à table ? – Chez les retraités vivant à la campagne.
d. .... plat les femmes préfèrent-elles finir leur repas ? – Par un fromage (51 %) contre 38 % par un dessert.
e. .... boissons accompagne-t-on les repas en France ? – Avec du vin, de l'eau ou de la bière.
f. .... produits remplace-t-on petit à petit les légumes frais en France ? – Par des produits surgelés.
g. .... proportion les Français préfèrent-ils recevoir leurs amis chez eux ? – Dans 77 % des cas.
h. .... repas consacre-t-on le moins de temps ? – Au petit déjeuner.
i. .... raisons prennent-ils rapidement le déjeuner ? – Car ils ont des horaires de travail plus concentrés.
j. .... période a commencé la baisse du budget alimentaire des Français ? – Dans les années 60.

7 Cochez l'expression juste et répondez à ce test.

✓ Exemple :   ☐ À quel   ☒ De quelle   ☐ De quel
  couleur sont vos cheveux ? – Blonds.

a. Si vous êtes en difficulté, 1 ☐ sur quel   2 ☐ sur quels   3 ☐ sur quelle   personne pouvez-vous compter ?
b. Pour 1 ☐ quel   2 ☐ quelles   3 ☐ quels   sports avez-vous le plus d'intérêt ?
c. Dans 1 ☐ quel   2 ☐ quelles   3 ☐ quels   vêtements vous sentez-vous le plus à l'aise ?
d. À 1 ☐ quel   2 ☐ quelle   3 ☐ quelles   émissions de télévision êtes-vous fidèle ?
e. Avec 1 ☐ quelle   2 ☐ quel   3 ☐ quelles   vedettes de cinéma aimeriez-vous dîner ?
f. En 1 ☐ quel   2 ☐ quelle   3 ☐ quels   langue aimeriez-vous vous exprimer ?
g. De 1 ☐ quel   2 ☐ quels   3 ☐ quelle   couleur sont vos yeux ?
h. Par 1 ☐ quelle   2 ☐ quels   3 ☐ quelles   loisirs êtes-vous attiré ?
i. Dans 1 ☐ quel   2 ☐ quelle   3 ☐ quels   pays voudriez-vous voyager ?
j. En 1 ☐ quel   2 ☐ quelle   3 ☐ quelles   valeurs croyez-vous ?

8 Reliez les questions et les réponses.

✓ Exemple : Tu passes où tes vacances ? – À Biarritz.

a. Tu passes où tes vacances ?
b. Tu travailles depuis quand à la SNCF* ?
c. Tu fais comment pour envoyer une télécopie ?
d. Où suivez-vous vos cours de français ?
e. Pourquoi prenez-vous deux billets de train ?
f. Dans combien de temps arriverons-nous à Montauban ?
g. Comment Nicolas a-t-il appris à conduire ?
h. Vous passez par où pour aller à Dijon ?
i. Pourquoi est-ce que tu ne dors pas ?
j. De quelle façon vous êtes-vous cassé la jambe ?

1. Parce que je voyage avec mon frère.
2. Par Lyon.
3. Parce que j'ai bu trop de café.
4. Viens, je vais te montrer.
5. Dans une petite heure.
6. En prenant des leçons particulières.
7. À l'Alliance française.
8. En cueillant des pommes, je suis tombée de l'arbre.
9. À Biarritz.
10. Depuis six mois.

* SNCF : Société nationale des chemins de fer

9 Reformulez ces questions en style courant ou soutenu selon le cas.

✓ Exemple : Il fait quel temps ? ▸ Quel temps fait-il ?

a. Combien de temps est-ce que vous avez mis pour écrire cette lettre ?
b. Pourquoi les enfants ont-ils loué cette maison ?
c. Ce gâteau, tu le prépares comment ?
d. Où les Français passent-ils leurs vacances ?
e. Dans quel pays est-ce que Pauline voudrait voyager ?
f. Pourquoi m'écrivez-vous si rarement ?
g. Tu pars pour combien de temps ?
h. Marie, d'où elle vient pour être si bronzée ?
i. À quelle heure ouvre le musée Carnavalet ?
j. Comment tu écris « kinésithérapeute » ?

Et trouvez la bonne réponse.

1. Parce que je n'ai pas beaucoup de temps. 2. Je vais te donner la recette. 3. Dix minutes.
4. Au bord de la mer. 5. Des Antilles. 6. En Égypte. 7. Parce qu'il y a une piscine devant.
8. Cherche dans le dictionnaire. 9. À 10 heures 30. 10. Pour le mois.

10 Posez les questions relatives aux mots soulignés dans chaque phrase-réponse.

✓ Exemple : Les Françaises votent depuis 1944.
▸ Depuis quand les Françaises votent-elles ?

a. 80 % des Françaises souhaiteraient avoir une activité professionnelle.
b. Chaque jour, les Françaises consacrent 4 h 38 aux tâches ménagères.
c. Il y a 3,5 fois plus de femmes dans la fonction publique que d'hommes fonctionnaires.
d. Les Françaises travaillent pour sortir de chez elles et pour obtenir une autonomie financière.

e. Le nombre des femmes cadres augmente (28 %) <u>parce qu'elles sont plus nombreuses à faire des études supérieures.</u>
f. On trouvait environ 7 % de filles <u>à l'École Polytechnique</u> à la fin des années 80.
g. L'écart entre les salaires des hommes et des femmes était <u>d'environ 30 %</u> en 1990.
h. <u>69 % des Français</u> préfèrent une femme intelligente.
i. <u>En 1991</u>, Édith Cresson a été la première femme Premier ministre en France.
j. Pour leur habillement, les Françaises dépensent <u>30 % de plus que les hommes</u> parce qu'elles sont plus coquettes et qu'elles suivent davantage la mode.

11 Posez les questions correspondant aux réponses suivantes.

✓ Exemples : Voulez-vous **encore** un peu plus de thon ?
▸ Non, merci, je n'en veux plus.

Fumez-vous **toujours** ? ▸ Non, je ne fume plus.
Avez-vous **déjà** pris le TGV Atlantique ? ▸ Non, je ne l'ai jamais pris.

a. .... ? Non, ils n'en ont jamais bu.
b. .... ? Non, nous ne les lisons plus.
c. .... ? Non, on ne les regarde jamais.
d. .... ? Non, je ne les ai plus invités.
e. .... ? Non, elle ne les a jamais mis.
f. .... ? Non, on ne l'a plus voulu.
g. .... ? Non, ils n'en veulent plus.
h. .... ? Non, on ne l'a jamais vu.
i. .... ? Non, il n'y pense plus.
j. .... ? Non, elle n'en a jamais besoin.

B. L'interro-négation

12 Vous êtes presque certain que votre interlocuteur répondra par l'affirmative. Transformez les questions suivantes.

✓ Exemples : On passe un beau film ce soir à la Pagode ?
▸ On ne passe pas un beau film ce soir à la Pagode ?

Préférez-vous qu'on prenne ma voiture ?
▸ Ne préférez-vous pas qu'on prenne ma voiture ?

a. Connais-tu le programme de la cinémathèque cette semaine ?
b. Tu as acheté *Pariscope* mercredi ?
c. Vos amis ont-ils vu l'exposition Toulouse-Lautrec au Grand-Palais ?
d. Nicolas aime-t-il les vieux films avec Jean Gabin ?
e. Le musée Rodin est-il ouvert le lundi ?
f. Veux-tu aller prendre un verre au Café de Flore ?

g. Catherine a-t-elle lu les chroniques de Philippe Meyer ?
h. Vous avez vu la dernière pièce de Jérôme Deschamps ?
i. Ses amis iront-ils voir « Les Négresses Vertes » à l'Olympia ?
j. Tu as entendu Juliette Gréco au Printemps de Bourges ?

13 Répondez aux questions suivantes par *oui* ou *si*.

✓ Exemples : Tu ne veux pas venir ? ▸ ***Si.***

Tu es prêt ? ▸ ***Oui.***

a. Tu as chaud ?
b. Tu n'as pas faim ?
c. Tu veux un paquet de biscuits ?
d. Tu n'as besoin de rien ?
e. Tu veux boire quelque chose ?
f. Tu veux un café ?
g. Avec du sucre ?
h. Tu ne prends pas ton sac ?
i. Tu as un peu peur ?
j. Tu ne regrettes pas de lui avoir écrit ?

14 Faites répondre Pierre, Catherine, Joseph et Max aux questions suivantes, soit par une affirmation (+), soit par une négation (–).

✓ Exemples :

	Pierre	Catherine	Joseph	Max
Vous aimez Arte ?	+	+	–	+
	Oui	***moi aussi***	***moi non***	***moi si***
Alice n'écoute pas France-Inter, et vous ?	–	+	+	–
	moi non plus	***moi si***	***moi aussi***	***moi non***
a. Je préfère le journal de TF1 et toi ?	–	+	+	–
b. Mes parents n'aiment pas les variétés, et vous ?	–	+	+	–
c. Vous regardez tous les soirs la télé ?	+	+	–	–
d. Est-ce que vous aimez les documentaires ?	–	+	+	–
e. Je profite de la pub pour m'absenter, et toi ?	+	–	+	+
f. Tu regardes les matchs le samedi ?	–	+	+	–
g. Vous n'êtes pas abonnés à Canal + ?	+	+	–	–
h. À Montauban, on n'est pas encore câblé, et vous ?	–	+	–	+
i. Je n'aime pas du tout M6, et vous ?	–	–	+	+
j. Ma femme ne manque jamais « 7 sur 7 », et toi ?	+	+	–	+

15 Posez les questions en tenant compte des réponses données.

✓ Exemples : Si, on y est allé. (Le Louvre) ▶ N'êtes-vous pas allés au Louvre dimanche ?

Oui, on y va souvent. (la salle Pleyel) ▶ Vous allez souvent à la salle Pleyel ?

a. Si, j'adore ses films. (Agnès Varda)
b. Oui, nous l'avons vu il y a quelques années. *(Jacquot de Nantes)*
c. Si, je l'ai ratée. (l'ouverture des jeux Olympiques d'Albertville)
d. Si, on les a reçues. (les invitations pour le festival de Cannes)
e. Oui, je l'ai visitée. (l'exposition sur Guimard)
f. Oui, je le connais. (le Pavillon de l'Arsenal)
g. Si, nous y sommes allés. (à la Grande Arche)
h. Si, on y a vu quelques films. (à la Vidéothèque de Paris)
i. Oui, elle y travaille souvent. (à la bibliothèque du Centre Pompidou)
j. Si, on les revoit toujours avec plaisir. (les films de Rohmer)

C. La négation

16 Repérez les phrases négatives par un (N)

✓ Exemples : Il ne travaille que l'été.

Il ne veut plus discuter. (N)

a. De nos jours, les enfants n'aiment guère les jeux de patience.
b. Ce film est beaucoup moins violent qu'on ne l'avait dit.
c. Elle n'a rien voulu faire de la journée.
e. Il répond toujours sans réfléchir.
f. Albert ne fait plus de concours de mots croisés.
g. Pour le week-end prochain, ils n'ont encore rien décidé.
h. Cette année, je n'ai reçu aucune invitation pour le festival d'Avoriaz.
h. Charlotte ne croit que ce qu'elle voit.
i. Je crains qu'ils n'aient eu un empêchement.
j. Les Pello n'ont aucun souci.

17 Répondez par *rien, personne, jamais, aucun(e), non, nulle part.*

✓ Exemples : Vous habitez dans le quartier ? ▶ ***Non.***

Vous avez des amis dans le quartier ? ▶ ***Non, aucun.***

a. Qu'est-ce que vous faites à cette heure-ci à la Bastille ?
b. Vous devez rencontrer quelqu'un ?
c. Vous cherchez quelque chose ?
d. Vous vous promenez souvent seul à l'aube ?
e. Vous avez quelqu'un à prévenir ?
f. Vous avez quelque chose à dire ?

g. Vous avez un désir ?
h. Avez-vous de la famille ?
i. Où allez-vous dormir ?
j. Qu'est-ce qu'on va faire de vous ?

18 Répondez négativement aux questions suivantes en utilisant *rien*, *personne*, *jamais*, *aucun(e)*, *plus* ou *guère*.

✓ Exemple : Savez-vous depuis quand il a de la fièvre ? ▶ Je n'en sais rien.

a. Qui vous a prévenue ?
b. Lorsque vous êtes arrivée, que vous a-t-il dit ?
c. A-t-il vu quelqu'un aujourd'hui ?
d. Qu'a-t-il mangé ?
e. Quelque chose l'a-t-il contrarié ?
f. Où est-il allé hier soir ?
g. A-t-il beaucoup bu ce matin ?
h. Lui arrive-t-il souvent d'être dans cet état ?
i. A-t-il bien dormi cette nuit ?
j. Fume-t-il toujours autant ?

19 Dites le contraire en utilisant *ne ... ni ... ni* ou *ni ... ni ... ne*.

✓ Exemples : Les bus et les métros circulent entre 1 heure et 5 heures du matin à Paris.
▶ Ni les bus ni les métros ne circulent entre 1 heure et 5 heures du matin.

Les Français apprécient les films de guerre et ceux de science-fiction.
▶ Les Français n'apprécient ni les films de guerre ni ceux de science-fiction.

a. Les fruits et les légumes se vendent bien en France.
b. Les Français sont de gros consommateurs de viande et de produits laitiers.
c. La vente des surgelés et celle des conserves sont actuellement en baisse.
d. La crise touche le cinéma et la presse.
e. L'industrie agro-alimentaire et la production automobile voient une nette progression.
f. La consommation d'alcool et les ventes de prêt-à-porter diminuent en France depuis quelques années.
g. Les Français considèrent le tennis et le VTT* comme des sports « branchés ».
h. La télévision et le sport sont deux activités de loisirs très populaires en France.
i. L'espérance de vie est la plus longue en France et au Japon.
j. Les frais de logement et les dépenses de produits alimentaires pèsent le plus lourd dans le budget des Français.

VTT : vélo tout terrain

20 Faites une réponse négative.

✓ Exemple : Qu'est-ce que je vous sers ? ▶ Rien, merci.

a. Quels magazines as-tu achetés ?
b. Vous passez souvent par ici ?
c. Tu vas à Chantilly ou à Fontainebleau ?
d. Tu prends le train ou le RER* pour venir à Neuilly ?
e. Tu attends quelqu'un ?
f. Quelque chose ne va pas ?
g. Qui a mes clés ?
h. Qu'est-ce que vous faites pour la Pentecôte ?
i. Tu souhaites aller au concert ou à l'opéra ?
j. Vous voyez une solution ?

RER : réseau express régional

D. L'exclamation

21 Exclamez-vous en employant *que (de)*, *quel* ou *comme* (plusieurs réponses sont possibles).

✓ Exemples :
La chaleur. ▶ **Quelle** chaleur ! ▶ **Comme** il fait chaud ! ▶ **Qu'**il fait chaud !

Le monde à l'entrée d'une exposition. ▶ **Quel** monde ! ▶ **Que** de monde !

a. Le beau temps.
b. Des fleurs dans un jardin botanique.
c. L'originalité d'une toile.
d. Une pluie violente.
e. Un paysage magnifique.
f. La grossièreté d'un vendeur.
g. Le prix d'une statuette.
h. La beauté d'un enfant.
i. La gentillesse d'une passante.
j. La finesse d'une broderie.

22 Complétez avec *que*, *que de*, *comme* ou *quel(le)(s)* (plusieurs réponses sont possibles).

✓ Exemples : **Quelle** élégance ! **Que de** voitures !

Comme/Que tu roules vite !

a. .... longueurs dans ce roman !
b. .... j'aime ce temps doux !
c. .... programme passionnant !

d. .... tu es aimable !
e. .... problèmes !
f. .... bons résultats vous avez obtenus !
g. .... visiteurs !
h. .... délice !
i. .... bonnes idées de cadeau !
j. .... c'est joli !

23 Donnez libre cours à votre esprit critique.

✓ Exemple : Vous adorez un prélude de Messiaen.
▶ Que c'est beau ! ▶ Comme j'aime ce morceau !

a. Vous dégustez un excellent sorbet au cassis. ....
b. Vous félicitez une amie sur son nouveau tailleur. ....
c. On vous offre un magnifique bouquet de fleurs. ....
d. Vous ne supportez pas l'arrogance de votre collègue. ....
e. Vous n'aimez pas du tout une commode « art nouveau ». ....
f. Vous détestez la couleur d'un papier peint. ....
g. Vous êtes enthousiasmé par le dernier roman de Le Clézio. ....
h. Vous êtes consterné par un débat politique à la télévision. ....
i. Vous adorez la dernière chanson de Claude Nougaro. ....
j. Vous critiquez le dernier film de Tavernier. ....

BILAN

24 *Complétez à l'aide des mots en bas de page.*

Devant le Grand Palais, deux amis veulent visiter l'exposition consacrée à Toulouse-Lautrec.

— .... monde ! Tu veux vraiment entrer ?

— Bien sûr, je veux absolument voir cette expo.

— Et tu es prêt à faire une queue pareille ? Il y en a au moins pour une heure.

— Tu vois une autre solution ?

— ...., alors reste là, je vais acheter le guide de l'exposition.

Un quart d'heure plus tard, il revient, les mains vides.

— Tu n'as .... acheté ?

— ...., il y a un tel choix ! Qu'est-ce que tu préfères : le catalogue de l'expo ou simplement le petit journal du Grand Palais ?

— Pour moi, ... l'un, ... 'l'autre ; je me suis déjà documenté et je suis incollable sur la peinture de Toulouse Lautrec.

— Bon, alors, j'y retourne. Tu veux que je te rapporte quelque chose à boire ?

— ...., merci. Au fait, tu n'as rencontré .... de connaissance au kiosque ?

— Non, pourquoi tu me demandes ça ?

— Parce que j'ai cru voir .... ; tu sais, l'ami de Marie-Jo, avec qui on a dîné il y a un mois.

— Si je le vois, je le ramène ici. On fera la queue ensemble. J'y vais, je .... en peux .... de rester ainsi en plein soleil. .... chaleur ! Je te rejoins dès que j'aurai trouvé mon guide.

Seul

— .... râleur ! Et pourtant je l'aime bien. Mais je n'irai plus avec lui .... visiter des expos, ... voir les films qui viennent de sortir.

rien, aucun(e), quel(le), ni … ni … (ne), quelqu'un, que, de, personne, ne plus.

II. LE CONDITIONNEL

SI LA MER BOUILLAIT, IL Y AURAIT BIEN DES POISSONS CUITS.

A. Le conditionnel présent : emplois

25 **Formulez poliment leurs propos dans chacune de ces situations en utilisant les verbes :** *aimer, souhaiter, vouloir, pouvoir, préférer.*

  ✓ Exemple : J'ai envie que tu m'accompagnes à l'aéroport.
    ▶ Pourrais-tu m'accompagner à l'aéroport ?

a. Alice aime bien passer ses vacances dans les Alpes mais cette année elle a envie d'aller en Bretagne.
b. On est fatigué ; on n'a pas envie de prendre le métro.
c. Paul a besoin d'aide pour déménager ; il fait appel à ses amis.
d. Nous n'avons aucune envie de rentrer ; pourquoi ne pas prendre un verre ?
e. Les employés de la banque ont le choix : ils votent pour quitter le bureau le vendredi à 16 heures.
f. Tu as envie qu'on invite tes parents la semaine prochaine mais tu ne sais pas comment le proposer.
g. Les étudiants espèrent assister à la conférence de cet écrivain espagnol.
h. Mlle Verdier désire un rendez-vous avec son directeur.
i. Le directeur de Mlle Verdier lui demande si elle est libre lundi prochain à 11 heures.
j. Vous n'avez pas de monnaie pour le parcmètre ; vous entrez à la boulangerie pour en demander.

26 **Reformulez ces hypothèses suivant le modèle.**

  ✓ Exemple : Si vous vous exposiez moins au soleil, votre peau serait plus belle.
    ▶ Vous vous exposeriez moins au soleil, votre peau serait plus belle.

a. Si tu faisais du sport, tu te porterais mieux.
b. Si les programmes proposaient des émissions plus intéressantes, on regarderait davantage la télévision.
c. Si j'en avais le courage, je m'inscrirais à un cours de japonais.
d. Si les Français payaient un impôt sur les chiens, les trottoirs de Paris seraient moins sales.
e. Si le temps de travail diminuait, il y aurait peut-être moins de chômeurs.

f. Si on augmentait le prix des cigarettes, moins de gens fumeraient.
g. Si les Parisiens devenaient plus raisonnables, ils emprunteraient plus souvent les transports en commun.
h. Si les hommes prenaient part aux tâches ménagères, ça faciliterait la vie des femmes.
i. Si on interdisait la consommation d'alcool sur les autoroutes, on réduirait sensiblement le nombre des accidents.
j. Si vous lisiez plus souvent les journaux, vous seriez mieux informés.

27 Exprimez une réserve sur ces informations. Transformez selon l'exemple.

✓ Exemple : Il est possible que le mandat présidentiel soit réduit à cinq ans.
▸ Le mandat présidentiel serait réduit à cinq ans.

a. Il se peut que la Finlande entre un jour dans la CEE*.
b. On envisage de réorganiser la semaine scolaire en France.
c. On dit que dans moins de vingt ans, on paiera en écus en Europe.
d. Il est question d'enseigner une deuxième langue vivante à l'école dès l'âge de huit ans.
e. Le Premier ministre va peut-être proposer une nouvelle loi sur l'immigration dans les jours à venir.
f. Le permis de conduire risque d'être attribué pour une durée limitée et renouvelable tous les cinq ans.
g. Il est possible que la Sécurité sociale creuse son déficit dans les années à venir.
h. Les Français semblent se préoccuper davantage de leurs animaux qu'il y a vingt ans.
i. Peut-être les touristes sont-ils plus attirés par le Midi que par Paris.
j. Il ressort d'un sondage que les femmes souffrent plus d'insomnie que les hommes.

CEE : communauté économique européenne

28 Formulez un conseil.

✓ Exemple : Faites-vous moins de soucis.
▸ À votre place, je me ferais moins de soucis.

a. Fumez moins.
b. Reposez-vous quelques jours à la campagne.
c. Ne prenez pas de tranquillisants.
d. N'emportez pas de travail.
e. Changez-vous les idées.
f. Comptez davantage sur vos associés.
g. Envisagez une nouvelle organisation de votre entreprise.
h. Demandez conseil à vos collaborateurs.
i. Entourez-vous de vos amis.
j. Soyez moins ambitieux.

B. Le conditionnel passé : forme et emplois.

29 Complétez par l'auxiliaire *être* ou *avoir* au conditionnel présent.

✓ Exemple : Tu **serais** venu chez moi.

a. Vous .... pu le dire.
b. Nous .... fini le repas.
c. J'y .... allée en avion.
d. Elles .... réussi l'oral.
e. On .... cru que c'était vrai.
f. Nous .... tombés à la renverse.
g. On .... ri de bon cœur.
h. Tu .... lu ce roman avec plaisir.
i. Vous .... arrivées à l'heure.
j. J' .... dû les prévenir.

30 Écrivez les verbes suivants au conditionnel passé.

✓ Exemple : Tu écrirais mieux. ▸ Tu aurais mieux écrit.

a. Vous diriez le contraire. ....
b. Elle ferait la fête. ....
c. Je deviendrais méchante. ....
d. On croirait. ....
e. Ils mourraient de faim. ....
f. Tu serais peinée. ....
g. Ils pourraient venir. ....
h. Je verrais. ....
i. Vous sembleriez moins fatigué. ....
j. Elles iraient à la plage. ....

31 Complétez selon le cas par le conditionnel présent ou passé.

✓ Exemples : Tu partirais. ▸ **Tu serais parti(e).**
   Vous penseriez. ▸ Vous auriez pensé.

a. Je comprendrais. ▸ ....
b. .... ▸ Vous auriez cru.
c. On lirait. ▸ ....
d. .... ▸ Nous aurions fini.
e. Elles partiraient. ▸ ....
f. .... ▸ On aurait entendu.
g. Tu craindrais. ▸ ....
h. .... ▸ Ils seraient tombés.
i. J'écrirais. ▸ ....
j. .... ▸ Vous auriez appris.

32 Faites des phrases selon l'exemple.

✓ Exemple : As-tu compris ? ▸ Non, mais **j'aurais compris** sans ce bruit.

a. Tu as entendu ? Non, mais ....
b. Ils ont téléphoné ? ....
c. Avez-vous lu ? ....
d. Il a suivi l'exposé ? ....
e. Elles ont travaillé ? ....

f. Vous avez réussi ? ....
g. Tu as répondu à la question ? ....
h. Vous avez terminé votre projet ? ....
i. Elle a pris des notes ? ....
j. On a traduit le discours ? ....

33 Exprimez des regrets à partir des éléments donnés.

✓ Exemple : Je/apprendre l'anglais. ▶ Si j'avais su, j'aurais appris l'anglais.

a. Paul/faire du ski   ▶ Si Paul avait su, il ....
b. les touristes/s'inscrire à une visite guidée   ....
c. tu/rester chez toi   ....
d. les étudiants/suivre les cours régulièrement   ....
e. Nicolas/s'appliquer davantage au piano   ....
f. nous/aller au cinéma cet après-midi   ....
g. Catherine/étudier l'espagnol au lycée   ....
h. Joseph/partir en vacances en juillet   ....
i. vous/manger moins à midi   ....
j. Léopoldine/téléphoner à son copain   ....

34 Reformulez des explications en utilisant le conditionnel passé.

✓ Exemple : Je suis arrivée en retard à la gare, alors j'ai raté mon train.
▶ Sans ce retard, je n'aurais pas raté mon train.

a. Il m'a tout expliqué alors j'ai compris le problème.
   ▶ Sans ses explications, je n' ....
b. Mon frère m'a prêté de l'argent, alors j'ai acheté cet appartement.
   ....
c. La voisine a gardé son chat, alors Émilie est partie en vacances.
   ....
d. Pierre a un magnétoscope, alors il a vu le reportage sur France 2.
   ....
e. Le garagiste leur a réparé la voiture, alors ils ont repris la route le jour même.
   ....
f. Grâce à notre abonnement, nous n'avons pas fait la queue au guichet.
   ....
g. Il y a eu de la neige, alors les stations de ski ont accueilli beaucoup de touristes.
   ....
h. Grâce à l'ascenseur, elle est montée en haut de la tour Montparnasse.
   ....
i. Florence Arthaud a de la volonté, alors elle a gagné la Route du Rhum*.
   ....
j. Grâce à votre appel, on lui a souhaité une bonne fête.
   ....

* La Route du Rhum : course de voiliers.

35 Exprimez ces informations hypothétiques concernant des faits passés. Utilisez le conditionnel passé.

✓ Exemple : On pense que le contrôleur était malade.
  ▸ Le contrôleur aurait été malade.

a. On pense que le policier avait des relations avec la Mafia.
....
b. On suppose que le nouveau jeu venait des États-Unis.
....
c. On imagine que le directeur employait du personnel non déclaré.
....
d. On pense que ce champion prenait un médicament illégal.
....
e. On imagine que l'employé a donné l'alarme tout de suite.
....
f. Il est possible que l'épidémie n'ait pas fait de gros ravages.
....
g. On pense que la bourse de Tokyo a perdu 5 %.
....
h. On imagine que la victime prenait trop de somnifères.
....
i. On pense que la voiture avait été sabotée.
....
j. Probablement, le conducteur avait perdu le contrôle de son véhicule.
....

36 Vous donnez votre avis sur des événements passés.

✓ Exemple : Votre sœur a retrouvé son parapluie hier dans la salle.
  ▸ Je ne pensais pas qu'elle l'*aurait retrouvé*.

a. L'an dernier, son fils a réussi le concours d'entrée à HEC*.
   Je ne pensais pas qu'il ....
b. Vos anciens élèves vous ont téléphoné pendant votre absence.
....
c. Les jeux Olympiques se sont déroulés à Séoul en 1988.
....
d. L'Opéra Bastille a ouvert à temps pour le Bicentenaire.
....
e. L'hiver dernier a été très rude.
....
f. Nicolas et Sophie se sont mariés en grande pompe l'été passé.
....
g. L'immeuble s'est construit en cinq mois.
....
h. Les mimosas ont fleuri dès le mois de janvier il y a deux ans.
....

i. Le film *Le Petit Criminel* a reçu un César**.
....

j. La guerre du Golfe s'est rapidement terminée.
....

*HEC : Hautes Études Commerciales
**César : récompense attribuée aux meilleurs films de l'année

37 Remplacez l'imparfait par le conditionnel passé pour faire des suppositions.

✓ Exemple : Tu venais plus tôt, tu ne me trouvais pas chez moi !
▸ Tu venais plus tôt, tu ne m'aurais pas trouvé chez moi !

a. Vous preniez le métro et vous arriviez en retard !
....

b. Heureusement, j'ai vérifié le prix ; elle me le vendait 10 francs de plus !
....

c. Elle arrivait un quart d'heure avant et elle était témoin du hold-up !
....

d. Tu venais au cinéma avec moi, tu voyais un film formidable !
....

e. Vous faisiez vos courses dans la rue voisine ; on ne se rencontrait pas !
....

f. Elle changeait de bureau et on ne sortait jamais ensemble !
....

g. Vous cherchiez un fauteuil, vous ne pouviez pas trouver mieux !
....

h. Ils voulaient une baby-sitter ; tu leur conseillais ta sœur !
....

i. Elles sortaient du lycée à 17 heures 30 ; on venait les chercher !
....

j. Tu téléphonais, je te prévenais.
....

C. Concordance des temps

38 Exprimez l'antériorité. Faites des phrases sur le modèle suivant.

✓ Exemple : Il viendra dès qu'il aura terminé.
▸ Il a dit qu'il viendrait dès qu'il aurait terminé.

a. Il t'achètera ce bracelet dès qu'il aura gagné assez d'argent.
▸ Il a dit qu'il t'achèterait ....

b. Ils prendront cet appartement dès qu'ils se seront mariés.
▸ Ils ont dit qu'ils ....

c. Nous partirons au cinéma dès que Claire aura téléphoné.
....

d. Béatrice ira en promenade dès qu'elle aura terminé sa lettre.
....
e. Tu viendras nous rejoindre dès que les enfants seront partis à l'école.
....
f. Je vous écrirai dès que j'aurai reçu une réponse.
....
g. On communiquera les résultats dès que le jury aura délibéré.
....
h. Nous signerons le contrat dès que vous l'aurez lu.
....
i. Catherine retravaillera dès qu'elle se sera installée à Lyon.
....
j. Je prendrai le train dès que j'aurai fini mon stage.
....

39 Reprenez les phrases suivantes en utilisant le conditionnel passé.

✓ Exemples : Tu ne croyais pas qu'il gagnerait la course ?
▶ Non, moi non plus, je ne l'aurais pas cru.

Vous avez pris l'avion ?
▶ Oui et eux aussi, ils l'auraient pris s'ils étaient arrivés à l'heure.

a. Joseph ne voulait pas qu'on le sache ? ▶ Non, et moi non plus, ...
b. Vous avez dit la vérité à ce malade ? ▶ Oui, et M. Abrar aussi ....
c. Les étudiants ont critiqué leur prof d'anglais ? ▶ Non, et nous ....
d. Jacques n'a pas fait la vaisselle. ▶ Si, mais toi ....
e. Tu as invité les Rousseau ? ▶ Non, Jeanne non plus ....
f. Sébastien n'a pas répondu à l'ANPE* ? ▶ Non, et moi non plus ....
g. Vos amis sont d'accord avec Michèle ? ▶ Bien sûr, et nous aussi ....
h. Tu n'as pas eu le temps d'aller la voir ? ▶ Non, et ses sœurs non plus ....
i. Elle a accepté de telles conditions ? ▶ Évidemment non, et moi non plus ....
j. Sa mère ne supporte pas le manque de politesse ? ▶ Non, c'est vrai, et son père non plus
....

*ANPE : Agence nationale pour l'emploi.

40 Le conditionnel à la forme passive ; répondez négativement aux questions suivantes.

✓ Exemples : Vous avez été informée ? (regarder la télévision)
▶ Non, j'aurais été informée si j'avais regardé la télévision.

Cet employé sera licencié ? (l'entreprise/fermer)
▶ Non, il serait licencié si l'entreprise fermait.

a. Antoine a été félicité ? (écrire une nouvelle) ....
b. Le candidat écologiste sera élu ? (présenter un bon programme) ....
c. La nouvelle secrétaire est engagée définitivement ? (parler anglais) ....

d. Ce documentaire a été diffusé ? (être moins long) ....
e. Ce roman de Yourcenar est épuisé ? (se vendre moins cher) ....
f. Le conducteur a été tué ? (ne pas attacher sa ceinture de sécurité) ....
g. Charles Trenet sera invité ? (accepter de venir à la Maison de la Radio) ....
h. Les routes sont déneigées ? (être/plus fréquentées dans cette région) ....
i. L'émission a été enregistrée ? (en valoir la peine) ....
j. Les résultats du vote seront communiqués ? (être officiels) ....

41 Écrivez le verbe à la forme convenable (plusieurs réponses sont parfois possibles).

✓ Exemples : S'il réussit ce concours, il (entrer) **entrera** à l'école des Beaux-Arts.

Si vous preniez le métro, vous (arriver) **arriveriez** à l'heure le matin.

Mes grands-parents (vendre) **auraient vendu** leur ferme depuis longtemps s'ils l'avaient voulu.

a. Elle (changer) .... d'avis si elle connaissait mieux son collègue.
b. Nous (rentrer) .... lundi matin si nous pouvons y passer une nuit de plus.
c. Si vous aviez vécu en province, vous (connaître) .... les joies de la vie paisible.
d. Si on a le temps en rentrant du lycée, on (passer) .... chez le disquaire, tu veux ?
e. Si vous aviez su qu'il y avait tant de monde, (prendre) ...... vous .... le train ?
f. Tu m'(écrire) .... un petit mot si tu as quelques instants ?
g. Si elle n'était pas d'accord, elle le lui (dire) ....
h. Vous (ne pas tomber) .... si vous preniez moins de risques.
i. Je (aller) .... voir ce film japonais s'il est en version française.
j. Les étudiants (ne pas assister) .... à ce cours s'ils s'y ennuyaient.

42 Mettez les verbes à la forme convenable en fonction des indications temporelles (plusieurs réponses sont parfois possibles).

✓ Exemples : (demain soir) faire/tricher : Si tu ne **fais** pas attention, il **trichera** aux cartes.

(pendant ces vacances) venir/s'amuser : Si tu **venais**, nous nous **amuserions** davantage.

(hier soir) prendre/s'endormir : Si vous **aviez pris** une tisane, vous vous **seriez endormis** plus vite.

a. (la semaine prochaine) aller/passer : Nous .... au cinéma si on .... un bon film.
b. (cette année) acheter/vivre : Je m'............ un bateau si on .... au bord de la mer.
c. (dimanche dernier) avoir/faire : Vous .... moins de difficultés à trouver le chemin si vous .... plus attention aux indications.
d. (ce soir) fermer/jouer : Si le Casino ne .... pas, ils .... toute la nuit.
e. (l'été dernier) pouvoir/prévenir : Vous .... passer vos vacances en Normandie avec nous si on vous .... avant.

f. (ce soir au dîner) finir/avoir : Si tu ne ………… pas ta soupe, tu n'………… pas de dessert.

g. (hier soir) écouter/apprendre : Si elle ………… les informations, elle ………… la démission du Premier ministre.

h. (aujourd'hui) aller/permettre : Nous ………… faire du ski si le temps le ………….

i. (la prochaine fois) choisir/tenir : Vous ………… la pièce qu'on ira voir ensemble si vous y ………….

j. (le week-end dernier) rentrer/dire : Je ………… plus tôt si tu m'………… que tu m'attendais.

43 Associez les éléments pour en faire des phrases.

✓ Exemple : Je viendrais plus souvent si vous habitiez moins loin.

a. Je viendrais plus souvent
b. Bernard n'hésiterait pas à vendre ce tableau
c. Mets ce pull
d. Nous serions allés à la mer
e. Tu ne mangerais pas ce gâteau
f. Ne dites rien à monsieur Bonet
g. Je n'aurais toujours pas fini
h. Jean-Paul n'aurait pas eu cet accident
i. Donne mon bonjour à Patricia
j. Nous achèterons cet appartement

1. s'il avait de la valeur.
2. s'il avait fait beau ce jour-là.
3. si tu as froid.
4. si vous habitiez moins loin.
5. si tu ne m'avais pas aidé.
6. s'il avait été plus prudent.
7. même s'il vous interroge à ce sujet.
8. si tu la rencontres.
9. si la banque nous accorde un crédit suffisant.
10. si tu n'avais pas faim !

44 Conjuguez les verbes entre parenthèses.

✓ Exemples : Si tu veux, nous en **parlerons**. (parler)
Si tu voulais, nous en **parlerions**. (vouloir)
Si tu avais voulu, nous en **aurions parlé**. (parler)

a. Si tu me l'………… (dire) avant, je l'aurais prévenu.
b. Si les disques compacts étaient meilleur marché, elle en ………… (acheter) tous les jours.
c. Si vous m'aviez écouté, vous ………… (ne pas rencontrer) ce type de problèmes.
d. Si tu lui demandes il ………… (accepter) certainement.
e. Que dirais-tu si on te ………… (demander) ton avis ?
f. Vous ………… (pouvoir) sortir si vous n'aviez plus de fièvre.
g. Nous vous rejoindrons si le temps nous le ………… (permettre).
h. Si vous le ………… (connaître) mieux, vous ne parleriez pas de cette manière.
i. Si on ………… (venir) plus tôt, on aurait eu le temps de discuter avec lui.
j. Si j'avais su, je lui ………… (offrir) un livre de Modiano.

BILAN

45 *Alice refait sa vie en rêve tandis que son fils Thomas fait ses devoirs. Mettez les verbes entre parenthèses à la forme qui convient.*

Si je pouvais revenir quinze ans en arrière, voilà comment je (vivre) (a) .... : tout d'abord, je n'(avoir) (b) .... que vingt-cinq ans aujourd'hui et je (voir) (c) .... la vie très différemment. Je (être) (d) .... célibataire donc je ne (s'embarrasser) (e) .... pas de préoccupations domestiques. Il y a quinze ans, je (poursuivre) (f) .... des études plus longues, je (ne pas se marier) (g) .... avec Jacques. Au lieu de ne rechercher que les plaisirs, je (se consacrer) (h) .... à des causes humanitaires ; peut-être, je (partir) (i) .... dans un pays du tiers-monde ; voilà... c'est ça, je (étudier) (j) .... la médecine alors je (aller) (k) .... coopérer au Sahel ou au Kurdistan, je ....

— Maman, je n'arrive pas à faire ma rédaction pour demain ; tu (pouvoir) (l) .... m'aider à la commencer ?

— D'accord, mais juste pour le début. Quel est ton sujet ?

— « Imagine quelle (être) (m) .... ton enfance si tu avais vécu au temps des Gaulois. »

Si le sujet vous inspire, essayez de rédiger le devoir de Thomas.

III. LES TEMPS DU PASSÉ

IL NE FUT UNE PIE QUI NE RESSEMBLÂT DE LA QUEUE À SA MÈRE

A. Emploi de l'imparfait, du passé composé et du plus-que-parfait

46 Complétez les terminaisons des participes passés si besoin est.

✓ Exemples : Ils se sont rencontr**és** à la Baule.
    Elles se sont fabriqu**é** une tente pour passer la nuit.

a. Nous nous sommes aperçu… qu'il pleuvait.
b. Pierre et Marie se sont fiancé… il y a quelques mois.
c. Elle s'est absenté… pendant une semaine.
d. Nous nous sommes préparé… une soupe aux champignons.
e. Elles se sont écrit… très longtemps.
f. Jeanne s'est promené… toute la matinée.
g. Ils se sont disputé… pendant la semaine entière.
h. Mes frères se sont acheté… une planche à voile.
i. Les enfants se sont endormi… immédiatement.
j. Charlotte s'est cassé… la jambe en tombant de cheval.

47 Complétez s'il y a lieu la terminaison des participes passés.

✓ Exemple : Elle ne lui a jamais rend**u** la bague qu'elle lui avait prêt**ée**.

a. Catherine n'a pas encore reçu… la photocopie que tu lui avais promis… ;
b. Je n'ai jamais pris… au sérieux les projets qu'il m'avait présenté….
c. Cette chemise, je ne l'avais porté… qu'une fois ou deux et tu l'as troué… !
d. Ses promesses, je n'y avais jamais cru….
e. Tes outils, si tu les avais rangé… correctement, tu les aurais maintenant.
f. Comment avais-tu préparé… ton gâteau aux raisins ?
g. Des huîtres, elle n'en avait jamais mangé… auparavant.
h. Tu connaissais à peine les Dumont, alors pourquoi les avais-tu invité… ?
i. Gagner au loto, sincèrement, ils n'y avaient jamais compté….
j. J'ai adoré… cette pièce, d'ailleurs je l'avais déjà vu…, il y a quelques années.

48 Faites des phrases en utilisant *comme* suivi du plus-que-parfait et du passé composé.

✓ Exemple : Elle/étudier l'anglais/trouver un poste de secrétaire bilingue.
▸ Comme elle **avait étudié** l'anglais, elle **a trouvé** un poste de secrétaire bilingue.

a. Mon collègue/avoir un accident de voiture la veille/venir en taxi. ....
b. Nous/travailler beaucoup la semaine dernière/faire la grasse matinée. ....
c. Je/apprendre la bonne nouvelle la première/téléphoner à mon frère. ....
d. Tu/prendre une semaine de vacances/rentrer en pleine forme. ....
e. Les enfants/aller au cinéma l'après-midi/passer une soirée très calme. ....
f. Vous/vouloir connaître mon appartement/venir chez moi. ....
g. Elle/ne pas répondre à ma lettre/me téléphoner. ....
h. Nous/ne pas faire les courses/dîner au restaurant. ....
i. On/passer une dure journée/se coucher très tôt. ....
j. Il/venir le week-end chez mes parents/m'envoyer des fleurs ce matin. ....

49 Écrivez les verbes indiqués au passé : imparfait, passé composé ou plus-que-parfait.

✓ Exemple : lire/conseiller : Elle a lu le livre que tu lui avais conseillé.

a. faire/annoncer : Cet hiver, il .... beaucoup plus froid que ce qu'on ....
b. vouloir/manger : Ma mère .... toujours savoir le soir ce qu'on .... à la cantine.
c. dire/partir : Hier matin, on ne m'............ pas .... qu'elle .... en vacances vendredi dernier.
d. relire/taper : Habituellement, il ne .... pas les lettres que sa secrétaire .... la veille.
e. apprendre/se marier : Tu n'............ pas .... par ton cousin que je .... il y a six mois ?
f. comprendre/expliquer : Tout à coup, j'............ ce que tu m'............ longuement pendant le déjeuner.
g. répéter/confier : Jacqueline, en général, ne .... jamais ce qu'on lui ....
h. obtenir/avoir : Il .... son permis de conduire depuis trois mois quand il .... l'accident.
i. avouer/organiser : Pendant le procès, il .... qu'il .... plusieurs hold-up de 1971 à 1975.
j. commencer/terminer : Quand Pauline .... à voyager, elle .... ses études depuis un an.

50 Mettez les verbes entre parenthèses à la forme qui convient (plusieurs réponses sont parfois possibles).

✓ Exemples : C'est Combescot qui (obtenir) **a obtenu** le prix Goncourt en 1991 pour *Les Filles du Calvaire*.

Rouault l'**avait eu** l'année d'avant pour *Les Champs d'honneur* (avoir)

a. *La Flûte enchantée* est l'œuvre avec laquelle (débuter) .... la première saison de l'Opéra Bastille. C'est avec *Aïda* qu'on (inaugurer) .... en 1872 celui du Caire.

b. Lucien (ne jamais entendre) .... parler de la jeune fille que son père (souhaiter) .... qu'il épouse.

c. Le musée des Sciences et des Techniques à La Villette (remplacer) .... le plus grand abattoir d'Europe que les architectes (construire) .... sur le modèle de celui de Chicago dans les années 70.

d. C'est parce que les « tagueurs » (recouvrir) .... la station Louvre de graffitis que la société chargée de l'entretien des couloirs du métro (enduire) .... les murs d'une substance anti-tag.

e. On l' (prévoir) ...., les résultats des élections régionales de 1992 (se révéler) .... catastrophiques pour la majorité.

f. Le parc Astérix (pouvoir) .... se vanter en 1992 d'être le seul parc d'attractions bénéficiaire de France.

g. L'architecture résolument moderne de la Cité mondiale du vin (ne pas défigurer) .... le quartier historique des Chartrons à Bordeaux, comme certains le (craindre) ....

h. Décédée en 1992, Marlène Dietrich (ne pas recevoir) .... de journalistes depuis plus de dix ans.

i. Le jury du Nobel 1991 (attribuer) .... le prix de physique à Pierre-Gilles de Gennes.

j. En 1992, le Festival de Cannes (rendre) .... hommage à Romy Schneider, morte dix ans plus tôt.

51 Mettez les verbes entre parenthèses au temps qui convient (imparfait, passé composé ou plus-que-parfait).

✓ Exemples : La plupart des enfants **avaient suivi** des cours de philosophie.

C'est peut-être pour cette raison que, devenus adultes, ils **faisaient** preuve d'une plus grande ouverture d'esprit.

a. L'exposition Géricault au Grand Palais (révéler) .... un artiste que le public (connaître) .... jusqu'alors trop souvent par une seule œuvre.

b. François Truffaut (écrire) .... de nombreuses critiques de films avant de devenir metteur en scène.

c. Au palais Brongniart, les sociétés de bourse (remplacer) .... les anciennes charges d'agents de change.

d. Michel Berger (être) .... victime d'un accident cardiaque le 2 août 1992. Il (écrire) .... des dizaines de tubes dans les années 80.

e. Philippe (consentir) .... au mariage de Guillaume et de sa fille.

f. Staline, Churchill et Roosevelt (redessiner) .... en 1944 la carte d'une Europe que la Deuxième Guerre mondiale (ravager) ....

g. La décentralisation, entreprise depuis 1981 par les gouvernements successifs, tend à bouleverser une structure que Louis XIV (instaurer) ....

h. C'est Serge Gainsbourg, mort en 1991, qui (racheter) .... la partition originale de *La Marseillaise.*

i. Les chants d'oiseaux et la religion (inspirer) .... une grande partie de l'œuvre d'Olivier Messiaen.

j. Les centrales nucléaires (produire) .... plus de 70 % de l'électricité consommée par les Français en 1992.

52 Cochez la bonne forme verbale (plusieurs réponses sont possibles).

✓ Exemple : Le boulevard périphérique était désert ; je .... ça depuis des années.
  ❑ ne voyais pas ❑ n'ai pas vu ☒ n'avais pas vu

a. Nous .... très tard du cinéma et nous avons dû rentrer en taxi.
   1 ❑ sommes sortis 2 ❑ sortions 3 ❑ étions sortis

b. Le préambule de la constitution de 1946 .... le principe de l'égalité des droits entre les hommes et les femmes dans tous les domaines avant les mouvements féministes des années 70.
   1 ❑ a posé 2 ❑ avait posé 3 ❑ posait

c. L'interdiction des publicités pour le tabac à la télévision .... de graves répercussions sur le mécénat sportif.
   1 ❑ a eu 2 ❑ avait 3 ❑ avait eu

d. Au moment de l'accident, le camion .... en marche arrière.
   1 ❑ avait roulé 2 ❑ a roulé 3 ❑ roulait

e. Puccini .... son dernier opéra.
   1 ❑ ne terminait pas 2 ❑ n'avait pas terminé 3 ❑ n'a pas terminé

f. Ces soirées passées à faire la fête .... à son œuvre.
   1 ❑ nuisaient 2 ❑ ont nui 3 ❑ avaient nui.

g. Avant la guerre, nous .... notre maison sur la colline.
   1 ❑ construisions 2 ❑ avons construit 3 ❑ avions construit.

h. Les ouvriers qui .... à la construction de la tour Eiffel étaient payés cinq centimes de l'heure.
   1 ❑ participaient 2 ❑ avaient participé 3 ❑ ont participé

i. Isabelle Adjani .... de ne pas rester à la Comédie-Française.
   1 ❑ choisissait 2 ❑ avait choisi 3 ❑ a choisi

j. Elle .... son mari de changer de métier dix ans avant son départ en retraite.
   1 ❑ convainquait 2 ❑ avait convaincu 3 ❑ a convaincu.

53 Mettez au passé.

✓ Exemple : L'industrie agro-alimentaire reste l'un des seuls domaines bénéficiaires de la balance du commerce extérieur de la France.
▸ En 1992, l'industrie agro-alimentaire **restait** l'un des seuls domaines bénéficiaires de la balance du commerce extérieur de la France.

a. La réunification des deux Allemagnes est un des facteurs qui entraîne la réduction de la parité entre le mark et le franc français.
▸ En 1990, ...

b. Si je choisis une filière scientifique, c'est parce que je veux être sûr de trouver du travail.
▸ L'année dernière, ...

c. La vitesse des voitures est limitée à 60 km/h en ville.
▸ Jusqu'à 1991, ...

d. L'agriculture représente une part importante du PNB* de la France.
▸ Dans les années 60, ...

e. La peine de mort est abolie en France.
▸ En 1981, ...

f. Le monopole de la diffusion télévisuelle et radiophonique appartient à l'État.
▸ Entre 1945 et 1981, ...

g. Le parti communiste français représente plus de 20 % de l'électorat.
▸ Jusqu'en 1984, ...

h. La Grande-Bretagne entre en guerre contre l'Argentine.
▸ En 1982, ...

i. Beaumarchais invente l'horlogerie moderne.
▸ Avant de devenir auteur dramatique, ...

j. L'Algérie est sous domination turque.
▸ Un siècle et demi avant son indépendance, ...

* PNB : produit national brut

B. Le passé simple : forme et emploi

54 Transformez le présent en passé simple.

✓ Exemple : Il comprend. ▸ Il **comprit**.

a. Elle demande. ....
b. On veut. ....
c. Ils marchent. ....
d. Il pleut. ....
e. Elle peut. ....
f. On doit. ....
g. Elles deviennent. ....

h. On suit. ....
i. Ils finissent. ....
j. Elle meurt. ....

55 Écrivez les verbes suivants au passé simple.

Exemple : Tu as été. ▶ Tu **fus**.

a. Elles sont sorties. ....
b. Il est venu. ....
c. Vous avez fait. ....
d. On a eu. ....
e. Ils sont arrivés. ....
f. J'ai travaillé. ....
g. Il a réussi. ....
h. Ils se sont mariés. ....
i. Elle a dit. ....
j. J'ai pris. ....

56 Réécrivez ces phrases au passé simple.

✓ **Exemple :** Elle marche très longtemps dans la forêt.
▶ Elle **marcha** très longtemps dans la forêt.

a. Ils veulent déterrer le trésor. ....
b. Elle décide de fuir le château de son père. ....
c. Arsène Lupin escalade la tour du manoir. ....
d. Alice se met à pleurer. ....
e. Les enfants, perdus dans les bois, commencent à avoir peur. ....
f. Le commissaire interroge les voisins. ....
g. Il pleut toute la journée et Mme Lebrun reste chez elle. ....
h. Ils se marient et ont beaucoup d'enfants. ....
i. Louise devine immédiatement ses intentions. ....
j. Les cambrioleurs pénètrent dans la bijouterie par la porte de service. ....

57 Mettez les verbes soulignés au passé simple.

✓ **Exemple :** Ils ont pris le train le soir même. ▶ Ils **prirent** le train le soir même.

a. Elle a voulu découvrir le monde des hommes. ....
b. Ils ont cru qu'ils s'étaient trompés de voiture. ....
c. On a voyagé toute la nuit jusqu'au petit matin. ....
d. J'ai marché une grande partie de la nuit. ....
e. Elle n'a pas pu sortir de son lit, clouée par la peur. ....
f. Ils se sont dirigés vers la sortie de secours. ....
g. Le ciel s'est couvert subitement, il faisait presque noir. ....
h. Ils ont été très étonnés de leur découverte : c'était une vieille caisse en bois. ....
....
i. On a pris le premier train à destination de Nice. ....
j. Ils ont entassé leurs bagages dans le coffre de la Citroën. ....

58 Réécrivez les phrases suivantes en employant le passé simple.

✓ Exemple : Cugnot construit le premier véhicule à vapeur.
▸ Cugnot **construisit** le premier véhicule à vapeur.

a. Les Vikings découvrent l'Amérique bien avant Christophe Colomb.
b. L'Alsace reste 48 ans sous domination allemande.
c. Tchekhov continue à exercer la médecine tout en écrivant ses nouvelles.
d. Le gouvernement libère les prix en 1986.
e. C'est un film de François Truffaut qui reçoit la Palme d'or à Cannes en 1959.
f. À partir des années 80, apparaît en France la vogue du vélo tout terrain.
g. Le général de Gaulle meurt en 1970.
h. De retour des jeux Olympiques, les athlètes français reçoivent les félicitations du président de la République.
i. Dans les années 70, la production agricole atteint son plafond ; on la revoit à la baisse dans les années suivantes.
j. On projette *L'Arroseur arrosé*, le premier film des frères Lumière, le 28 décembre 1895.

59 Lisez ce texte et soulignez les emplois de l'imparfait qui vous semblent impropres.

« Il était une fois une petite fille qui avait de si jolies boucles blondes qu'on l'appelait Boucle d'Or. Un jour, elle allait se promener dans la forêt et elle découvrait une petite cabane qui se trouvait au milieu d'une clairière. Comme elle était très curieuse, elle poussait la porte et entrait dans une salle à manger où il y avait trois tables sur lesquelles refroidissaient trois bols de soupe. Aussitôt Boucle d'Or s'asseyait devant la première table et goûtait la soupe qui fumait encore : c'était beaucoup trop chaud ; elle essayait alors le deuxième bol qui, celui-là, avait complètement refroidi. Quand elle atteignait la troisième table, elle cassait le fauteuil en s'asseyant et elle buvait toute la soupe qui était exactement à la bonne température. Boucle d'Or n'avait plus faim mais elle ressentait une grande fatigue ; elle apercevait alors une petite porte qu'elle poussait et se retrouvait dans une chambre à coucher. Elle tâtait le premier lit : trop dur ; le second : trop mou et elle s'endormait dans le troisième qui lui convenait tout à fait. Entre-temps, les occupants de la cabane, une famille d'ours, rentraient et s'apprêtaient à déjeuner. (…) Ils découvraient la fillette qui dormait profondément. Quand elle se réveillait, elle avait tellement peur qu'elle sautait par la fenêtre et courait d'une traite chez elle, se jeter dans les bras de sa mère. »

Réécrivez les 22 verbes du texte précédant qui nécessitent l'emploi du passé simple.

60 Écrivez les verbes entre parenthèses à l'imparfait ou au passé simple.

✓ Exemple : Charles Martel (arrêter) les Arabes à Poitiers en 732.
▶ Charles Martel ***arrêta*** les Arabes à Poitiers en 732.

a. À partir de 987, les rois de France (être) .... des Capétiens ; ils (descendre) .... de Hugues Capet.
b. Le roi Louis IX, dit saint Louis, (vivre) .... de 1226 à 1270.
c. En 1450, la France (se battre) .... contre les Anglais.
d. La Guerre de Cent Ans (durer) .... en fait 116 ans, de 1336 à 1453.
e. Jeanne d'Arc (délivrer) .... Orléans des Anglais en 1429.
f. Le Canada et les comptoirs aux Indes qui (appartenir) .... à la France depuis le XVIe siècle (devenir) .... anglais en 1763.
g. Les privilèges dont (jouir) .... les nobles et le clergé depuis les débuts de la monarchie (prendre fin) .... le 4 août 1789.
h. La guerre contre la Prusse (durer) .... depuis 1870. Sa fin (correspondre) .... à la fin du Second Empire.
i. En 1936, la gauche (arriver) .... au pouvoir ; c'(être) .... le Front populaire.
j. Le général de Gaulle qui (organiser) .... la Résistance à partir de Londres (aller) .... devenir, à la Libération de Paris, le chef du gouvernement.

61 Passé simple ou imparfait ? Complétez les phrases suivantes par le verbe entre parenthèses.

✓ Exemple : Il y a très longtemps, Paris (s'appeler) Lutèce.
▶ Il y a très longtemps, Paris ***s'appelait*** Lutèce.

a. Louis Blériot (traverser) .... la Manche en avion pour la première fois en 1909.
b. Autrefois, pour mardi gras, on (organiser) .... des bals masqués.
c. En mai 1968, le général de Gaulle (diriger) .... la France.
d. Le 25 juillet 1992, (avoir lieu) .... la cérémonie d'ouverture des 22e jeux Olympiques d'été à Barcelone.
e. Le 6 mai 1992 (mourir) .... Marlène Dietrich à l'âge de 90 ans.
f. Jusque dans le milieu des années 60, les écoles (fermer) .... leurs portes le jeudi.
g. Le 26 février 1992, le gouvernement français (autoriser) .... le travail de nuit des femmes dans l'industrie.
h. La semaine dernière, il (faire) .... très froid à Paris ; certaines stations de métro sont restées ouvertes pour accueillir les sans-abri.
i. Les grottes de Lascaux dont les fresques (commencer) .... à se dégrader ont été fermées au public.
j. C'est en 1536 que Jacques Cartier (découvrir) .... le Canada.

C. Le passé antérieur et le passé surcomposé : formes et emplois.

62 Écrivez ces verbes au passé antérieur.

✓ Exemple : J'entre. ▸ Je **fus entré**.

a. Tu sors.
b. Elle termine.
c. On comprend.
d. Nous faisons.
e. Je remets.
f. Vous promettez.
g. Ils achètent.
h. Tu avoues.
i. Il part.
j. Elle mange.

63 Complétez les phrases en utilisant le passé antérieur.

✓ Exemples : De Gaulle (ne pas plutôt/accorder) le vote aux Françaises qu'elles se rendirent aux urnes.
▸ De Gaulle n'**eut** pas plutôt **accordé** le droit de vote aux Françaises qu'elles se rendirent aux urnes.

À peine le canard (s'envoler) que le chasseur tira.
▸ À peine le canard **se fut**-il **envolé** que le chasseur tira.

a) À peine Marius (tomber) .... que Jean Valjean le transporta dans les égouts de Paris.
b. La nouvelle constitution (ne pas plutôt/être adoptée) .... par référendum qu'elle entra en application en septembre 1958.
c. L'indépendance (ne pas plutôt/être proclamée) .... qu'un million de Français d'Algérie regagnèrent la métropole.
d. À peine le mouvement de Mai 68 (commencer) .... que dix millions de grévistes paralysèrent l'économie du pays.
e. François Mitterrand (ne pas plutôt/être élu) .... président de la République qu'il dissolut l'Assemblée nationale.
f. À peine Boris Vian (terminer) .... *L'Écume des jours* (1947) qu'il écrivit *L'Automne à Pékin*.
g. Marguerite Yourcenar (ne pas plutôt/publier) .... *Les Mémoires d'Hadrien* et *L'Œuvre au noir* qu'elle entra à l'Académie française.
h. À peine Marcel Carné (achever) .... le tournage des *Visiteurs du soir* qu'il entreprit celui des *Enfants du Paradis*.
i. Les Halles (ne pas plutôt/être démolies) .... qu'on décida de conserver la gare d'Orsay.
j. À peine Buren (édifier) .... ses colonnes au Palais-Royal que les Parisiens laissèrent libre cours à leurs critiques.

64. Remplacez dans les phrases suivantes le passé surcomposé par le passé antérieur et le passé composé par le passé simple.

✓ Exemple : Dès qu'elle a eu bu sa tisane, Marie est allée se coucher.
  ▸ Dès qu'elle **eut bu** sa tisane, Marie **alla** se coucher.

a. Quand Nicolas a eu terminé ses devoirs, il s'est mis à jouer.
b. Aussitôt qu'elles ont eu refermé la porte, elles ont éclaté de rire.
c. Sa grand-mère a commencé les confitures dès qu'elle a eu ramassé les fruits.
d. Le maire a organisé une petite fête lorsque les vendangeurs ont eu coupé toutes les grappes.
e. Lorsque la pluie a eu cessé, le soleil s'est montré à nouveau.
f. Dès qu'ils ont eu vidé le cargo, les marins se sont dispersés dans les ruelles près du port.
g. Aussitôt qu'on lui a eu terminé l'histoire, le petit s'est endormi.
h. Il s'est levé de table aussitôt qu'il a eu avalé sa soupe.
i. Quand le linge a eu séché, les femmes l'ont ramassé.
j. Aussitôt que l'orage a eu éclaté, les écoliers sont rentrés en classe.

65. Complétez les phrases suivantes en cochant la forme verbale correcte.

✓ Exemple : Lorsqu'il .... la nouvelle, il sauta de joie.
  ☐ avait appris   ☐ apprenait   ☒ eut appris

a. Dès que le train .... en gare, les voyageurs se pressèrent sur le quai.
  1 ☐ était entré   2 ☐ entrait   3 ☐ entra
b. Quand il s'est présenté pour l'oral du concours, Stéphane .... très fataliste.
  1 ☐ se sentait   2 ☐ s'était senti   3 ☐ se fut senti
c. À peine Catherine .... dans la voiture qu'elle s'endormit.
  1 ☐ fut-elle installée   2 ☐ était-elle installée   3 ☐ s'est-elle installée
d. Hier soir Nicolas n'était pas plutôt endormi qu'il .... à s'agiter.
  1 ☐ s'était mis   2 ☐ se fut mis   3 ☐ s'est mis
e. À peine Joseph .... à la maison qu'il nous racontait sa journée.
  1 ☐ fut-il arrivé   2 ☐ était-il arrivé   3 ☐ est-il arrivé
f. L'émission .... depuis quelques minutes quand mon frère est arrivé.
  1 ☐ a commencé   2 ☐ avait commencé   3 ☐ eut commencé
g. Dès qu'il .... 18 ans, il consacra tout son temps à la musique.
  1 ☐ eut atteint   2 ☐ avait atteint   3 ☐ atteignait
h. Quand Marianne .... le voile, elle avait bien réfléchi aux conséquences de sa décision.
  1 ☐ prit   2 ☐ prenait   3 ☐ eut pris
i. Dès que le film ...., nous sommes allés prendre un verre.
  1 ☐ se fut terminé   2 ☐ s'est terminé   3 ☐ se terminait
j. À peine la baguette magique .... la citrouille qu'elle se métamorphosa en carrosse.
  1 ☐ eut-elle touché   2 ☐ avait-elle touché   3 ☐ toucha-t-elle

D. La concordance des temps dans le discours rapporté au passé

66 Terminez ces phrases selon le modèle.

✓ Exemple : Hier, je suis allée au cinéma.
  ▶ Elle me disait qu'hier, elle était allée au cinéma.

a. Nous nous sommes levés très tôt ce matin.
   Ils nous ont assuré ....
b. Aujourd'hui, j'ai prévu de faire passer une annonce.
   Elle m'a dit ....
c. Est-ce que vous avez vu vos parents la semaine passée ?
   Cécile m'a demandé ....
d. Qu'as-tu fait avant d'entrer dans cette école de cinéma ?
   Tu me demandais ....
e. Nous avons reçu nos meubles la semaine dernière.
   Ils nous ont annoncé ....
f. Avant-hier, nous étions à Limoges.
   Vous me disiez ....
g. Samedi, j'ai rencontré Florence à la piscine.
   Elle m'a affirmé ....
h. Combien de bocaux de confiture as-tu faits aujourd'hui ?
   Tu m'as demandé ....
i. L'année dernière, je n'ai pas eu de chance.
   Xavier me disait ....
j. Qu'avez-vous fait le week-end dernier ?
   Béatrice nous a demandé ....

67 Réécrivez ces phrases en faisant les modifications nécessaires (temps et indicateurs temporels).

✓ Exemples : Vous savez qu'hier, il est parti pour Biarritz ?
  ▶ Vous saviez que *la veille* il *était parti* pour Biarritz ?

  Tu pensais qu'un mois plus tard, elle reverrait son frère.
  ▶ Tu penses que *dans un mois* elle *reverra* son frère.

a. Je viens d'apprendre que la semaine prochaine, elle prendra le train pour Rome.
   ▶ Je venais d'apprendre ....
b. Il savait que cette semaine-là, il n'y avait pas grand-chose à faire.
   ▶ Il sait que ....
c. Elle ne croit pas que je jouais du piano il y a quelques années.
   ▶ Elle ne croyait pas que ....
d. Ils pensaient acheter une maison l'année suivante.
   ▶ Ils pensent ....
e. Elle ne vous a pas dit que, le mois précédent, ils avaient eu une bonne surprise.
   ▶ Elle ne vous dit pas ....

f. Richard m'a annoncé qu'il envisageait de rentrer en France au bout de 10 ans.
▸ Richard m'annonce qu'..

g. La secrétaire affirme qu'à présent, elle travaille plus de trente-neuf heures par semaine.
▸ La secrétaire affirmait qu'à ....

h. Je t'assure qu'aujourd'hui, ils ne sont pas libres.
▸ Je t'ai assuré ....

i. Tu m'as raconté que l'avant-veille au matin, vous aviez fait du ski.
▸ Tu me racontes que ....

j. Ils savaient que trois mois plus tard, ils changeraient d'adresse.
▸ Ils savent que ....

68 Rapportez leurs paroles en suivant l'exemple.

Hier	Aujourd'hui
✓ Exemples : Brigitte : À quelle heure tu vas à la piscine ? Nicole : À trois heures.	Brigitte : Hier, Nicole m'a dit qu'elle irait à la piscine à trois heures. Nicole : Hier, Brigitte m'a demandé à quelle heure j'allais à la piscine.
a. Antoine : Avec qui tu pars en vacances ? Hugo : Je ne sais pas encore.	Hugo : ....
b. Catherine : Tu connais la Corse ? Nathalie : Non.	Catherine : ....
c. Christian : Tu aimes les chiens ? Pauline : Non, je les déteste !	Christian : ....
d. Christine : Tu as des bijoux en ivoire ? Juliette : Non, pourquoi ?	Juliette : ....
e. M. Martin : Le bilan est prêt, monsieur Bailly ? M. Bailly : Il sera prêt bientôt.	M. Bailly : ....
f. Bertrand : Tu fais du sport ? Olivier : Oui, du ski nautique.	Bertrand : ....
g. Mme Vigne : Vous avez une machine à coudre ? Mme Garo : Oui, je peux vous la prêter.	Mme Vigne : ....
h. Vincent : Tu veux sortir avec moi ? Agrippine : Ça ne me dit rien.	Agrippine : ....
i. Paul : Qu'est-ce que tu feras à la rentrée ? Christine : Je me marierai.	Christine : ....
j. Dominique : Qu'est-ce que tu deviens ? Alain : Je pars vivre en Californie le mois prochain.	Dominique : ....

69 Rapportez ces paroles.

✓ Exemples : Catherine aimera ce foulard, j'en suis sûre.
  ▸ Elle m'a dit qu'elle était sûre que Catherine aimerait ce foulard.
  Julien a oublié son cartable à l'école.
  ▸ Il a dit que Julien avait oublié son cartable à l'école.

a. Mireille a adoré le dernier film de Carax.
b. Les Français ont accueilli des enfants bosniaques pendant l'hiver 1992.
c. Tu devras signer ton contrat de travail avant de commencer ton nouvel emploi.
d. J'ai dû fermer les volets à cause de la tempête.
e. Les familles maliennes ont été expulsées de leur campement provisoire.
f. La Ville de Paris devra leur trouver un logement décent rapidement.
g. Le cargo transportera du plutonium de France jusqu'au Japon.
h. Philippe aura oublié l'anniversaire de sa sœur, j'en suis certain.
i. On a allumé un grand feu dans la cheminée car la maison était glaciale.
j. Ils ont pensé que la meilleure chose à faire, c'était de prendre une chambre d'hôtel.

70 Que dit Sylvie ? Rapportez ses paroles.

✓ Exemple : As-tu passé de bonnes vacances dans les Pyrénées ?
  ▸ Elle m'a demandé si j'avais passé de bonnes vacances dans les Pyrénées.

a. Qu'est-ce que tu as préféré : les Pyrénées Orientales ou le Pays basque ?
b. Es-tu allée au pic du Midi d'Ossau ?
c. J'espère que tu as été très prudente en montagne !
d. As-tu trouvé facilement des refuges pour passer la nuit ?
e. J'ai toujours regretté de n'avoir pas fait de randonnées dans les Pyrénées.
f. Pourtant mon mari est originaire de cette région !
g. Mais il ne se plaît qu'au bord de la mer.
h. Combien de temps y as-tu passé ?
i. J'aimerais vraiment y aller avec toi.
j. Alors, la prochaine fois, est-ce que tu voudras bien m'emmener ?

71 Mettez les verbes entre parenthèses au passé simple, au passé composé ou à l'imparfait. Plusieurs réponses sont possibles.

✓ Exemple : Elle m'(affirmer) que la date de son retour ne (dépendre) que de la bonne volonté de son mari.
  ▸ Elle m'**a affirmé** que la date de son retour ne **dépendait** que de la bonne volonté de son mari.

a. On (dire) de Pompidou qu'il (être) un poète président et non un président poète.
b. Dominici (affirmer) que l'un de ses fils (être) le meurtrier.
c. Les jurés (considérer) que Barbie (se rendre) coupable de crimes contre l'humanité.
d. À propos de la peine de mort, Voltaire (dire) qu'il (trouver) stupide l'arithmétique qui consiste à dire que la mort d'un homme peut annuler celle d'un autre.

e. Les ingénieurs français (constater) que la principale centrale nucléaire bulgare (représenter) un danger majeur.
f. On (croire) longtemps à la thèse du big-bang* qui, pourtant, (être) remise en question dans les années 80.
g. Plusieurs accidents (faire dire) de l'Airbus A 320 que c'(être) un avion dangereux.
h. Lorsqu'un Américain (mettre) un pied sur la lune, de nombreuses personnes qui ne (pouvoir) y croire (dire) que c'(être) du cinéma.
i. Les Négresses vertes (chanter) des chansons qui (être) à la mode dans les années 30.
j. Le prisonnier fut libéré cinq ans avant la fin de sa peine parce qu'il (avoir) un cancer.

*big-bang : explosion sidérale à l'origine de laquelle seraient nés la terre et l'ensemble du système solaire.

BILAN

72 **Récrivez le texte suivant en utilisant le passé simple, le passé composé et l'imparfait.**

L'habitation la plus proche du lieu du crime (être) la ferme de la famille Dominici. Le vieux père Dominici y (commander) en patriarche tyrannique. Après avoir été dénoncé par l'un de ses fils, il (être arrêté) par la police et (avouer) sans discuter avoir tué les deux Anglais. Il (être condamné) à mort et sa peine (être commué) par le général de Gaulle en réclusion à perpétuité. Cependant, quelques jours après le procès, il (se rétracter) et (prétendre) s'être accusé pour protéger le véritable assassin, son fils. Dominici (être libéré) en 1962 en raison de son grand âge. Il (mourir) cinq ans plus tard. En fait, personne (ne jamais réussir) à élucider le mystère de ce meurtre.

IV. LES PRONOMS PERSONNELS COMPLÉMENTS

QUAND ON PARLE DU LOUP, ON EN VOIT LA QUEUE.

A. La double pronominalisation avec *le, la, les, me, te, lui, nous, vous, leur, en, y*

73 Imaginez les réponses avec *lui/elle, de lui/elle, à lui/elle, en* ou *y*.

✓ Exemples : Tu parles de ta petite sœur ? ▶ Non, je ne parle pas **d'elle**.
   Tu vas à Bordeaux ? ▶ Oui, j'**y** vais demain.

a. Avez-vous parlé de cela ? ▶ Oui, ...
b. Avez-vous besoin de ce stylo ? ▶ Non, ...
c. Les infirmières s'occupent bien de ton fils ? ▶ Oui, ...
d. Tu vas faire des courses ? ▶ Oui, ...
e. Vous prenez bientôt des vacances ? ▶ Oui, ...
f. Vous êtes-vous adressé à la secrétaire ? ▶ Non, ...
g. Un peu de vin ? ▶ Oui, ...
h. Tu as répondu au chauffeur ? ▶ Non, ...
i. Tu t'occupes de ton neveu ? ▶ Oui, ...
j. Vous rêvez de votre fiancée ? ▶ Oui, ...

74 Faites des phrases d'après le modèle.

✓ Exemples : Pierre vend sa voiture. ▶ (à moi) Pierre **me la** vend.
   ▶ (à monsieur Simonin) Pierre **la lui** vend.

a. Tu rendras la radio demain.
   (à mes parents) ....
b. Il a demandé les places de théâtre.
   (à toi) ....
c. Nous remettons ces documents.
   (à l'avocat) ....
d. J'apprends la nouvelle.
   (à vous) ....

e. Vous souhaitez un joyeux Noël.
   (à moi) ....
f. Tu dessinais ta maison.
   (à ta cousine) ....
g. Le médecin conseille un régime.
   (à vous) ....
h. Nous échangions des cartes postales.
   (aux collectionneurs) ....
i. Il n'achète pas les jouets qu'elle voulait.
   (à sa fille) ....
j. Je répare le vélo cet après-midi.
   (à Nicolas) ....

75 Répondez aux questions en remplaçant les mots soulignés par un pronom.

✓ Exemple : Tu me donnes ton numéro de téléphone ?
▸ Oui, je te *le* donne tout de suite.

a. Il te prête son appartement pendant l'été ? ▸ Non, ...
b. Vous nous accompagnez au Palais de Tokyo ? ▸ Non, ...
c. Vous nous présenterez vos amis québécois ? ▸ Oui, ...
d. Tu les emmeneras au Centre Pompidou ? ▸ Oui, ...
e. On nous conduira jusqu'à Eurodisney en car ? ▸ Non, ...
f. Ils leur feront visiter le quartier de Bercy ? ▸ Oui, ...
g. Tu en prendras deux pour Sophie et Paul ? ▸ Non, ...
h. Vous nous attendrez devant la FNAC* ? ▸ Oui, ...
i. Je vous réserve une place à l'Opéra pour le 24 février ? ▸ Oui, ...
j. Tu me montreras tes photos de Corse ? ▸ Non, ...

* FNAC : chaîne de magasins vendant des livres, des disques et de la hi-fi.

76 Trouvez la question en rapport avec la réponse.

✓ Exemple : Non, je ne les ai jamais vus.
▸ Tu as déjà vu   ☐ mon VTT ?   ☒ mes nouveaux voisins ?   ☐ mes sculptures ?

a. Il ne m'en donnera pas.
Tu dis qu'il te donnera   1 ☐ des articles à lire ?   2 ☐ son numéro de téléphone ?
3 ☐ ses coordonnées ?
b. Bien sûr qu'ils l'ont lue.
Vous savez s'ils ont lu   1 ☐ des nouvelles de Tournier ?   2 ☐ le dernier roman de Ernaux ?
3 ☐ la biographie de Claudel ?
c. Oui, on les leur a donnés.
Vous avez donné   1 ☐ vos coordonnées à Sophie ?   2 ☐ des indications aux Dumont ?
3 ☐ les journaux aux documentalistes ?
d. Oui, je le lui demanderai.
Vous demanderez   1 ☐ le programme de la Comédie-Française au guichet ?

2 ☐ le chemin à votre accompagnatrice ?   3 ☐ un prospectus à l'agent immobilier ?

e. Non, je ne l'y ai pas retrouvée.
Tu as retrouvé   1 ☐ ton frère à Bourges ?   2 ☐ tes parents au Forum des Halles ?
3 ☐ ta voiture rue Broca ?

f. Oui, je l'y mets.
Vous mettez   1 ☐ ce dossier dans votre bureau ?   2 ☐ de la cannelle dans la confiture
3 ☐ des abricots comme dessert.

g. Non, elle ne lui en a pas porté.
A-t-elle porté   1 ☐ le courrier à Mlle Dubois ?   2 ☐ une raquette de tennis à son fils ?
3 ☐ des fleurs à la voisine ?

h. Je les y retrouverai à 20 heures.
À quelle heure retrouveras-tu   1 ☐ Pierre à Saint-Michel ?   2 ☐ tes amis à Caen ?
3 ☐ Jean et Cécile à la gare d'Austerlitz ?

i. Je vais le lui réclamer à nouveau.
Tu as déjà demandé   1 ☐ à Julie ton appareil photo ?   2 ☐ l'adresse du CNRS* ?
3 ☐ les résultats à ton professeur ?

j. Non, il a refusé de leur en louer.
Est-ce que le libraire accepte de louer   1 ☐ sa boutique en juin ?
2 ☐ ses vieux livres aux étudiants ?   3 ☐ des livres d'occasion à ses clients ?

CNRS : Centre national de la recherche scientifique

77 Insérez dans la phrase le verbe entre parenthèses et utilisez un pronom.

✓ Exemple : (pouvoir) Tu me prêtes ce disque ?
  ▸ Tu peux me le prêter ?

a. (devoir) – Vous le mettrez dans votre rapport.
b. (penser) – On vous dit toujours la vérité.
c. (préférer) – Tu me rends mes clés ce soir.
d. (croire) – Je me moque des bavardages.
e. (savoir) – Elle la convaincra de sa bonne foi.
f. (aller) – Nous les accompagnerons à l'aéroport.
g. (vouloir) – Ils le demanderont au guide.
h. (pouvoir) – J'y ajouterai le citron.
i. (avouer) – Elle nous demande une avance.
j. (reconnaître) – Nous vous avons emprunté votre voiture.

B. Les constructions indirectes avec *à* et *de*

78 Réécrivez ces phrases en remplaçant les mots soulignés par *en*, *de lui*, *d'elle*, *d'eux* ou *d'elles*.

✓ Exemple : Les agriculteurs suivent de près les réformes agricoles de l'Europe et ils (se plaignent). Ils n'aiment pas beaucoup les députés européens ; ils (se méfient).
▸ Les agriculteurs suivent de près les réformes agricoles de l'Europe et ils s'**en** plaignent. Ils n'aiment pas beaucoup les députés européens ; ils se méfient d'**eux**.

a. Le cinéma français se porte bien ; les chiffres sont à la hausse et les réalisateurs (sont fiers). ....
b. Les RMIstes* sont de plus en plus nombreux en France, pourtant la politique sociale (s'occupe) ....
c. Le chiffre du commerce extérieur augmente et le Premier ministre (est satisfait). ....
d. Le déficit de la Sécurité sociale ? Les Français (se moquent), ce qu'ils veulent, c'est le maintien des prestations sociales. ....
e. *Le Zèbre*, je (ai entendu parler) ; c'est un bon film comique. ....
f. De Gaulle, on (se souvient) comme du grand Charles. ....
g. La grève des infirmières a eu un gros impact sur la population car on (a besoin). ....
h. La baisse du pouvoir d'achat, tout le monde (a peur). ....
i. *Le Canard enchaîné* s'intéresse beaucoup aux hommes politiques, souvent pour (se moquer). ....
j. Le chômage préoccupe les jeunes qui (se soucient) de plus en plus. ....

* RMIstes : les bénéficiaires du Revenu Minimum d'Insertion.

79 Cochez la bonne réponse

✓ Exemple : Vous vous souciez de l'image de la France ?
▸ ☐ Oui, je me soucie d'elle.   ☒ Oui, je m'en soucie.

a. Tu as peur d'une troisième guerre mondiale ?
   1 ☐ Non, je n'en ai pas peur.   2 ☐ Non, je n'ai pas peur d'elle.
b. Les Français sont-ils jaloux de leurs voisins européens ?
   1 ☐ Non, ils n'en sont pas jaloux.   2 ☐ Non, ils ne sont pas jaloux d'eux.
c. Est-ce que tu te plains de tes conditions de travail ?
   1 ☐ Oui, je m'en plains.   2 ☐ Oui, je me plains d'elles.
d. Chez vous, parlez-vous souvent de vos collègues ?
   1 ☐ Oui, on en parle souvent.   2 ☐ Oui, on parle souvent d'eux.
e. La municipalité s'occupe-t-elle des sans-abri ?
   1 ☐ Oui, elle s'en occupe.   2 ☐ Oui, elle s'occupe d'eux.
f. Êtes-vous fiers du président de la République ?
   1 ☐ Oui, parfois nous en sommes fiers.   2 ☐ Oui, parfois nous sommes fiers de lui.

g. Tu as peur de ton inspectrice ?
   1 ☐ Non, je n'ai pas peur d'elle.   2 ☐ Non, je n'en ai pas peur.
h. Vous souvenez-vous d'Arletty ?
   1 ☐ Oui, je m'en souviens.   2 ☐ Oui, je me souviens d'elle.
i. Le patron a besoin de l'assistante de direction ?
   1 ☐ Oui, il a besoin d'elle.   2 ☐ Oui, il en a besoin.
j. Vous discutez du dernier film de Blier ?
   1 ☐ Oui, on en discute.   2 ☐ Oui, on discute de lui.

80 Cochez la bonne réponse.

✓ Exemple : Vous vous intéressez au syndicalisme ?
   ☐ Oui, je m'intéresse à lui.   ☒ Oui, je m'y intéresse.

a. Vous croyez au progrès scientifique ?
   1 ☐ Oui, j'y crois.   2 ☐ Oui, je crois en lui.
b. Tu tiens à ton cadre de vie ?
   1 ☐ Oui, je tiens à lui.   2 ☐ Oui, j'y tiens.
c. Il faut s'adresser à la secrétaire ?
   1 ☐ Oui, adressez-vous-y.   2 ☐ Oui, adressez-vous à elle.
d. Les réfugiés s'adaptent-ils à leurs nouvelles conditions de vie ?
   1 ☐ Oui, ils s'adaptent à elles.   2 ☐ Oui, ils s'y adaptent.
e. Louise Michel a consacré une bonne partie de sa vie à la cause des femmes.
   1 ☐ Oui, elle y a consacré une partie de sa vie.
   2 ☐ Oui, elle a consacré une partie de sa vie à elle.
f. Prenez garde aux embouteillages sur la route !
   1 ☐ Oui, je prendrai garde à eux.   2 ☐ Oui, j'y prendrai garde.
g. Est-il vrai que les chiens s'attachent davantage à leur maître que les chats ?
   1 ☐ Oui, ils s'y attachent davantage.   2 ☐ Oui, ils s'attachent davantage à eux.
h. Les Français se fient-ils aux apparences ?
   1 ☐ Non, ils ne se fient pas à elles.   2 ☐ Non, ils ne s'y fient pas.
i. Le gouvernement fait-il particulièrement attention aux femmes ?
   1 ☐ Non, il n'y fait pas particulièrement attention.
   2 ☐ Non, il ne fait pas particulièrement attention à elles.
j. Méfiez-vous des mendiantes dans le métro !
   1 ☐ Je me méfie d'elles.   2 ☐ Je m'en méfie.

81 Reformulez les phrases en utilisant les pronoms *y*, *à elle*, *à lui*, *à eux* ou *à elles* pour chacune des expressions soulignées.

✓ Exemple : L'argent, les Français / font attention.
   L'argent, les Français **y** font attention.

a. Les tâches ménagères, la femme française / consacre / environ trois heures par jour.
   ....
b. Les enfants, ce sont surtout les mères qui / s'occupent ....
c. Les Français et la retraite ? Ça, on peut dire qu'ils / se préoccupent ....

d. Les animaux domestiques, je vous assure qu'ils .... tiennent.
e. Allez voir le maire et n'hésitez pas à vous .... plaindre.
f. Les enfants du tiers-monde, / pensez .... qui travaillent si jeunes.
g. Les vacances et les loisirs, les Français .... sont très attachés.
h. Ce poste n'est pas fait pour toi ; on te conseille de .... renoncer.
i. Les fonctionnaires des impôts, on / a tous affaire .... un jour.
j. Les démarcheurs, / prenez garde .... ; ils ne sont pas tous honnêtes.

82 Cochez la bonne réponse.

✓ Exemple : Avez-vous besoin d'aide pour déménager ?
☐ Oui, j'ai besoin d'elle.   ☐ Oui, j'y ai besoin.   ☒ Oui, j'en ai besoin.

a. Tu t'intéresses à la peinture de Matisse ?
   Oui, 1 ☐ je m'en intéresse. 2 ☐ je m'y intéresse. 3 ☐ je m'intéresse à elle.
b. Les Français se moquent-ils du permis de conduire à points ?
   Non, 1 ☐ ils ne se moquent pas de lui. 2 ☐ ils ne s'y moquent pas.
        3 ☐ ils ne s'en moquent pas.
c. Vous joindrez-vous aux journalistes pour l'inauguration de la Grande Bibliothèque de France ?
   Oui, 1 ☐ je m'en joindrai. 2 ☐ je m'y joindrai. 3 ☐ je me joindrai à eux.
d. La presse parle-t-elle du Tour de France en juillet ?
   Oui, 1 ☐ elle en parle. 2 ☐ elle y parle. 3 ☐ elle parle de lui.
e. Les Français ont-ils peur de l'ouverture des frontières européennes ?
   Non, 1 ☐ ils n'ont pas peur d'elle. 2 ☐ ils n'y ont pas peur. 3 ☐ ils n'en ont pas peur.
f. En tant qu'hôtelier, êtes-vous satisfait des touristes cette année ?
   Oui, 1 ☐ j'y suis satisfait. 2 ☐ j'en suis satisfait. 3 ☐ je suis satisfait d'eux.
g. Les agriculteurs se souviennent-ils de la sécheresse de l'été 1976 ?
   Oui, 1 ☐ ils se souviennent d'elle. 2 ☐ ils s'y souviennent. 3 ☐ ils s'en souviennent.
h. Croyez-vous à la solidarité européenne ?
   Oui, 1 ☐ j'y crois. 2 ☐ j'en crois. 3 ☐ je crois en elle.
i. Êtes-vous fiers de vos hommes politiques ?
   1 ☐ On n'en est pas toujours fiers. 2 ☐ On n'y est pas toujours fiers.
   3 ☐ On n'est pas toujours fiers d'eux.
j. Les salariés se méfient-ils des syndicats en France ?
   Oui, 1 ☐ ils se méfient d'eux. 2 ☐ ils s'y méfient. 3 ☐ ils s'en méfient.

83 Répondez aux questions suivantes.

✓ Exemple : Pensez-vous quelquefois aux SDF*,
   ♦ Oui, on pense souvent *à eux*.

a. Les Français tiennent-ils à leur système de protection sociale ?
b. Se moquent-ils du libéralisme économique ?
c. Sont-ils attachés à leur président ?
d. Font-ils attention à leur épargne ?

e. Se plaignent-ils de leurs ministres ?
f. Parlent-ils de politique en famille ?
g. S'intéressent-ils aux pays en voie de développement ?
h. Le Président s'adresse-t-il souvent aux Français ?
i. La société française renonce-t-elle à la politique des loisirs ?
j. Les femmes se méfient-elles du chômage ?

SDF : sans domicile fixe

84 Associez questions et réponses.

✓ Exemple : Parlez-vous de vos projets professionnels ? ▸ J'en parle souvent.

a. Parlez-vous de vos projets professionnels ?
b. Que pensez-vous de la réforme scolaire ?
c. Vous plaignez-vous des jeunes ?
d. Qu'avez-vous appris de la lecture de la presse ce matin ?
e. Parlez-vous aux responsables du comité d'entreprise ?
f. Vous plaignez-vous souvent de la hausse du chômage ?
g. Qu'avez-vous appris de la conseillère d'éducation ?
h. Pensez-vous à l'aide humanitaire ?
i. Vous plaignez-vous aux inspecteurs du travail ?
j. Parlez-vous au micro en direct ?

Réponses :
1. Je n'en ai rien appris.
2. Je m'en plains parfois.
3. J'y pense.
4. Je n'en pense rien.
5. Je ne leur parle pas.
6. Je n'ai rien appris d'elle.
7. Je me plains à eux de temps en temps.
8. J'en parle souvent.
9. J'y parle rarement.
10. Je ne me plains pas d'eux.

85 Répondez aux questions suivantes.

✓ Exemples : As-tu téléphoné à Sophie ?
▸ Oui, je **lui** ai téléphoné.

Les jeunes se confient-ils à leurs parents ?
▸ Non, ils se confient rarement **à eux**.

a. Est-ce que ce roman a plu aux critiques ?
b. Tu trouves qu'il ressemble à sa mère ?
c. Tu n'as pas oublié de donner ton numéro de téléphone à ta voisine ?
d. Avez-vous répondu au secrétaire de mairie ?
e. A-t-elle posé sa question à la journaliste qu'elle connaît ?
f. Vos enfants s'habituent-ils à votre nouveau garçon au pair ?

g. Avez-vous demandé aux économistes ce qu'ils pensent de l'inflation ?
h. Adressez-vous la parole aux gens que vous ne connaissez pas ?
i. Tu as écrit au député pour avoir son avis ?
j. Les syndicats ont-ils proposé aux salariés de voter ?

86 Répondez aux questions suivantes.

✓ Exemple : Le client s'est-il adressé à l'hôtesse ?
 ▶ Oui, il s'est adressé **à elle.**

a. Vous adaptez-vous à votre directeur commercial ?
b. La nouvelle collection d'été plaît-elle aux jeunes ?
c. Les Français ressemblent-ils physiquement aux Italiens ?
d. Souriez-vous à votre interlocuteur ?
e. Les Parisiens sont-ils attachés à leur maire ?
f. Les élus se préoccupent-ils des personnes âgées ?
g. Le guide fait-il visiter le Marais aux touristes ?
h. Le formateur explique-t-il le fonctionnement de cette machine à ses stagiaires ?
i. Enseignez-vous le français aux étrangers ?
j. Avez-vous eu affaire au responsable technique ?

C. Les pronoms neutres : *le, en, y*

87 Réécrivez ces phrases en utilisant *le*.

✓ Exemple : Savez-vous que les jeunes sont très touchés par le chômage ?
 ▶ Le savez-vous ?

a. Vous dites que l'inflation a diminué en France en 1992 !
b. Il m'a demandé si je prenais mes vacances en août.
c. On nous a demandé d'arriver quelques minutes avant le début du spectacle.
d. Mon frère nous a proposé de passer une semaine à Perpignan.
e. Ses parents lui ont assuré que la grève des routiers était terminée.
f. L'accusé a nié avoir agressé la vieille dame.
g. Je viens de comprendre ce que signifie : « La terre est bleue comme une orange. »
h. Mes parents m'ont recommandé de fermer mes volets le soir.
i. La bibliothécaire nous a dit de chercher dans le catalogue auteurs.
j. Je vous conseille de prendre le métro à Paris.

88 Rayez le pronom qui ne convient pas.

✓ Exemple : Les Français se rendent-ils compte que leur pouvoir d'achat augmente ?
♦ Non, ils ne (s'y/s'en) rendent pas compte.

a. Ont-ils l'intention de réduire leurs emprunts ?
Oui, ils (l'/en) ont l'intention.
b. Ont-ils intérêt à épargner davantage ?
Oui, ils (en/y) ont intérêt.
c. Sont-ils autorisés à cumuler plusieurs crédits ?
Oui, ils (le/y) sont autorisés.
d. Se sont-ils aperçu que les charges sociales avaient augmenté ?
Non, ils ne (s'y/s'en) sont pas aperçu.
e. Sont-ils convaincus que l'Europe unie leur apportera des avantages ?
Oui, ils (en/le) sont convaincus.
f. Sont-ils informés que l'immigration est en baisse ?
Non, ils (n'y/n'en) sont pas informés.
g. S'opposent-ils à ce que les marchandises, les valeurs et les individus circulent librement ?
Non, ils n'(y/en) sont pas opposés.
h. Ont-ils peur que la culture française souffre de l'Europe ?
Non, ils (n'y/n'en) ont pas peur.
i. S'obligent-ils à apprendre d'autres langues vivantes ?
Oui, ils (s'y/se l') obligent.
j. Sont-ils certains d'exporter leurs céréales ?
Non, ils n'(y/en) sont pas certains.

89 Répondez aux questions suivantes en utilisant un pronom neutre.

✓ Exemple : Cet enfant est-il éveillé ? ♦ Oui, il l'est.

a. A-t-il compris ce que vous lui demandiez ?
b. Accepte-t-il de faire cette expérience ?
c. Ses parents ont-ils été avertis de cette expérience ?
d. Souhaitent-ils assister à toute l'expérience ?
e. Leur avez-vous expliqué que ce serait sans danger ?
f. Ont-ils demandé si leur enfant serait informé de leur présence ?
g. Pensez-vous que les résultats seront positifs ?
h. Est-ce qu'on peut supposer que tout se déroulera comme prévu ?
i. Voulez-vous que les journalistes divulguent les résultats de l'expérience ?
j. Croyez-vous que le moment est venu de commencer ?

90 Ces personnes s'apprêtent à partir en voyage. Imaginez les questions correspondant aux réponses suivantes.

✓ Exemple : Non, je n'en suis pas certain.
◀ ***Es-tu certain que nos billets sont à l'agence ?***

a. .... ? Oui, on m'en a averti.
b. .... ? J'y suis tout à fait favorable.
c. .... ? Je ne m'y oppose pas.
d. .... ? Je m'en moque complètement.
e. .... ? Oui, j'en ai très envie.
f. .... ? Ça, oui, je m'y attends.
g. .... ? J'en suis averti.
h. .... ? Je n'en ai pas l'intention.
i. .... ? Je ne m'y intéresse pas.
j. .... ? Je ne m'en suis pas assuré.

91 Répondez aux questions suivantes en utilisant *en*, *y*, *le*.

✓ Exemples : Croyez-vous qu'il puisse partir ? ▶ Je ne le crois pas.
Tu t'opposes à ce que nous prenions cette décision ? ▶ Je m'y oppose.
Thomas est persuadé de ce qu'il raconte ? ▶ Oui, il en est persuadé.

a. Tu es convaincue qu'il a tort ?
b. La concierge exige que la porte soit fermée après 22 heures ?
c. Elles se souviennent de ce qu'elles ont visité ?
d. Sa famille tient vraiment à ce qu'ils se marient à l'église ?
e. Tu ne penses pas que vous exagérez ?
f. Vous vous êtes habitués à ce que votre nièce dorme chez vous ?
g. Il ne supporte pas que vous fumiez pendant le repas ?
h. Êtes-vous disposée à ce que votre fille passe un an aux USA ?
i. Tu ne t'inquiètes pas de ce qu'elle devient ?
j. Les enfants s'intéressent à ce que tu dis ?

92 Répondez aux questions suivantes en utilisant les pronoms *en*, *y*, *le*.

✓ Exemple : Êtes-vous sûre de réussir ? ▶ Oui, j'en suis sûre.

a. Êtes-vous certain de connaître son numéro de téléphone ?
b. Tu me jures qu'il dit la vérité ?
c. Julie a l'impression qu'elle maigrit ?
d. Pouvez-vous m'aider à monter mes bagages ?
e. Il prétend être un de ses amis d'enfance ?
f. Tu es persuadé que cette femme est Jeanne Moreau ?
g. Les témoins affirment ne pas connaître l'accusé ?
h. Les étudiantes souhaitent-elles assister à tous les cours ?
i. Vous m'invitez à monter dans votre taxi ?
j. La jeune femme reconnaît-elle avoir perdu son sac ?

BILAN

93 *Réécrivez ces fragments de dialogues en remplaçant les expressions soulignées par des pronoms.*

— Allô, Mademoiselle, je voudrais parler <u>à M. Dubois</u>.

— Je suis désolée, je ne peux pas déranger <u>M. Dubois</u> ; il est actuellement en réunion.

— Alors, pourriez-vous faire part <u>à M. Dubois</u> de mon appel ?

— Soyez sans crainte ; je m'engage <u>à ce qu'il soit informé de votre appel</u>. Voulez-vous me donner <u>votre message</u>…

À la pâtisserie.

— Je voudrais un gâteau pour mercredi soir, s'il vous plaît.

— Quel genre de gâteau ?

— J'aimerais que vous me prépariez <u>un</u> gros <u>gâteau</u> au chocolat.

— Oui, … C'est pour une occasion particulière ?

— Bien sûr, vous me faites penser <u>à ce détail</u> : c'est pour l'anniversaire de ma fille. Je tiens <u>à ce qu'il soit décoré de petits sujets en sucre</u>.

— Vous tenez <u>à des petits personnages en sucre</u>, je prends note <u>de votre demande</u> ; sans problème, Madame, notre pâtissier saura vous préparer <u>ce dessert</u>. Vous pourrez passer prendre <u>votre commande</u> mercredi à partir de 18 heures.

V. LES PRONOMS RELATIFS

IL N'EST PIRE SOURD QUE CELUI QUI NE VEUT PAS ENTENDRE.

A. *qui, que, où, dont, ce dont, quoi*

94 Insérez la proposition relative à sa place en réécrivant la phrase si nécessaire.

✓ Exemple : On a acheté à la ferme des fromages de chèvre. (qui sentaient très fort)
  ▶ On a acheté à la ferme des fromages de chèvre qui sentaient très fort.

a. Anne a trouvé le dernier roman de Queffélec au supermarché. (dont tu lui avais parlé la semaine dernière)
b. La gagnante du jeu « La chance tourne » s'appelle Anaïs Beauregard. (auquel vous avez été nombreux à participer)
c. Le château se trouve dans le Périgord, près de Sarlat. (à côté duquel vous pourrez monter votre tente)
d. La vieille dame lui a paru immédiatement bizarre. (à qui il s'est adressé)
e. Une voiture anglaise a dépassé la bande blanche à l'entrée du village. (dont nous avons relevé le numéro d'immatriculation)
f. Julien a eu le plaisir de serrer la main du candidat après les élections. (pour lequel il avait voté)
g. Catherine m'a rendu le livre sur la musique de Boris Vian. (que je lui avais prêté il y a quelques mois)
h. La proportion d'automobilistes est plus importante qu'on ne le pense. (qui conduisent sans assurer leur véhicule)
i. La maison est située sur la colline près du petit pont. (à laquelle je pense)
j. Les outils ont rouillé au fond de la cabane de jardin. (dont Jacques ne s'est jamais servi)

95 Complétez les phrases suivantes avec *ce que*, *ce qui* ou *ce dont*.

✓ Exemple : Au marché aux Puces, Joseph a fait quelques jolies trouvailles ; il m'a proposé de prendre **ce qui** me faisait plaisir.

a. .... j'ai préféré, c'était une petite statuette en bronze.
b. Nous avons dit à nos amis québécois qu'on ferait .... ils auraient envie.
c. Cette émission n'est pas très intéressante ; .... elle traite doit concerner une

poignée de téléspectateurs.

d. Arrête de faire du bruit sinon on ne saura jamais .... s'est passé après le meurtre du vieux clochard.

e. Les faits divers, voilà .... fait vendre les journaux.

f. Le patron se moque de .... tu as fait avant de venir dans son entreprise : .... il attend de toi, c'est que tu fasses tes preuves.

g. Antoine est malade ; voilà .... nous empêche de sortir ce soir.

h. À propos de .... vous disiez l'autre soir, concernant la politique nataliste, je ne partage pas votre avis : il n'y a vraiment pas assez de crèches en France.

i. Tout .... on rêve finira bien un jour par se réaliser.

j. Patrick a rendu à ses parents tout .... il leur avait emprunté.

96 Complétez ces phrases par *qu'il* ou *qui l'*.

✓ Exemple : La route ***qu'il*** a prise ne menait pas à Angers.

a. Pascal a vu sur l'autoroute un accident terrible ; ce .... en a aperçu l'a bouleversé.

b. Le train pour Marseille a eu du retard. Les voyageurs .... ont pris le savaient dès le départ.

c. Une dernière chose .... est nécessaire que tu saches : ne fais pas de bruit après 22 heures.

d. Voilà ce .... te faut : un grog bien chaud !

e. Le général de Gaulle reste présent dans les mémoires ; les gens .... ont rencontré se souviendront de lui toute leur vie.

f. Le pull-over .... m'a rapporté ne m'allait pas. J'ai dû le changer.

g. Stéphanie avait perdu son portefeuille ; la femme .... a rapporté hier a eu droit à un superbe bouquet de fleurs.

h. Une des différences entre le prix Goncourt et le Renaudot ? Pour le premier, le jury .... attribue est composé d'écrivains alors que pour le second, ce sont des journalistes .... décernent.

i. Qui a revêtu le maillot jaune du Tour de France en 1992 ? C'est l'Espagnol Miguel Indurain .... a remporté pour la deuxième année consécutive.

j. Le film français se porte assez bien ; néanmoins, c'est le cinéma américain .... a largement dépassé quant au nombre d'entrées ces dernières années.

97 Complétez par *ce à quoi* ou *ce dont*.

✓ Exemple : L'archéologie et l'histoire, voilà ***ce à quoi*** s'intéresse surtout mon père.

a. Un beau voilier, c'est .... rêve tout plaisancier.

b. Les courses, c'est à peu près tout .... les hommes acceptent de s'occuper parmi les tâches domestiques.

c. Payer l'électricité, c'est .... je pensais quand le téléphone a sonné.

d. Les grands événements sportifs, voilà .... sont remplis les quotidiens du lundi.

e. Après de longues hésitations, voici .... nous avons convenu : nous nous retrouverons à 20 heures devant la fontaine Saint-Michel.

f. « Merci beaucoup ». Tels ont été ses derniers mots ; .... je n'ai rien trouvé à ajouter.

g. .... il est question dans certains magazines économiques passionne les étudiants des grandes écoles.

h. .... les Français ne sont pas très fiers, c'est de la famine en Somalie et de certains conflits dans des pays voisins.

i. Je ne comprends pas .... vous parlez.

j. .... vous faites référence nous est absolument inconnu.

98 Complétez les phrases suivantes par *quoi* précédé d'une préposition si nécessaire.

✓ Exemple : Les enfants ont apporté un kilo de riz pour la Somalie, ce **à quoi** certains Français ont réagi négativement.

a. « La Fureur de lire » s'est tenue comme chaque année un week-end d'octobre. Ce .... nous n'étions pas d'accord ; Anne soutenait que c'était en septembre.

b. M. Moreau a passé des nuits entières à travailler, ... il n'aurait pas connu une telle réussite.

c. Les cartes à puce, ce n'est pas ce .... je pensais mais voilà un bel exemple technologique.

d. Le baccalauréat pour 80 % d'une classe d'âge, c'est ce .... aspire le ministre de l'Éducation nationale.

e. La pauvreté s'installe de jour en jour davantage en France, ce .... toutes les catégories sociales sont sensibles.

f. De nouveaux fléaux sociaux apparaissent, ce .... on n'a encore trouvé aucun remède.

g. Il est allé voir le directeur des Ressources humaines pour savoir ce .... il avait droit.

h. Le climat social va se durcir, ce .... tu ne pourras rien changer.

i. La réussite, la fortune, l'amour, ce .... elle est passée, je vous souhaite de le vivre.

j. La famille, le travail, la santé : voilà ce .... passe le bonheur pour les Français.

B. Lequel, laquelle... , duquel, de laquelle... , auquel, à laquelle...

99 Reliez les éléments suivants pour en faire des phrases.

✓ Exemple : Je n'assisterai pas à la réunion au cours de laquelle tu parleras de mon cas.

a. Je n'assisterai pas à la réunion au cours
b. Pierre a lu l'article
c. L'écologie est un sujet
d. C'est un lac au bord
e. Il y a eu plusieurs questions
f. Voilà les montagnes au-dessus
g. C'est une prise de position
h. Dominique est une personne
i. Zéro degré est la température au-dessous
j. Ce sont des croyances

1. auquel j'avais collaboré.
2. desquelles nous sommes passés en avion.
3. de laquelle tu parleras de mon cas.
4. duquel ils louent une maison.
5. auxquelles Sarah n'a pas su répondre.
6. auquel elle s'intéresse.
7. à laquelle on peut tout demander.
8. auxquelles ils sont très attachés.
9. de laquelle l'eau gèle.
10. à laquelle vous devez penser.

100 Faites une seule phrase en utilisant une préposition suivie de *lequel, laquelle*...

✓ Exemple : C'est une question importante. Il faut revenir sur cette question !
  ▸ C'est une question importante *sur laquelle* il faut revenir.

a. Brigitte a passé trois ans à Barcelone. Elle a beaucoup écrit au cours de ces années. ....
   ....
b. Le nouveau président a fait beaucoup de promesses. Parmi ces promesses : une meilleure justice sociale. ....
c. Il passe actuellement un concours. À la suite de ce concours, il pourra travailler chez IBM.
   ....
d. Vous prenez la première rue à droite. Au bout de cette rue il y a une station-service. ...
   ....
e. Emma a perdu son ours en peluche. Elle aimait beaucoup jouer avec. ....
   ....
f. Faites attention à la date limite. Vous paierez plus cher au-delà de cette date. ....
   ....
g. C'est un beau chemin. Tout au long, il y a des rangées de peupliers. ....
   ....
h. Les Lavigne sont de très bons amis. On peut compter sur eux. ....
   ....
i. C'est une guerre injuste. Il faut lutter contre cela. ....
   ....
j. Sylvie a reçu beaucoup de fleurs. Au milieu, il y avait une carte de son ami. ....
   ....

101 **Complétez avec** *lequel, lesquels, laquelle, lesquelles* **précédé d'une préposition ou** *auquel, auxquels.*

✓ Exemples : Je ne connais pas le garçon **avec lequel** elle est partie.
C'est un détail **auquel** je ne pense jamais.

a. Il y a une chose .... vous n'avez pas pensé : les allumettes.
b. Voilà le tiroir .... j'ai trouvé nos passeports.
c. Les personnes .... tu travailles sont très patientes.
d. Je ne connaissais pas le chemin .... nous sommes passés.
e. Voici le banc .... il se reposait.
f. Le professeur .... je pense doit déjà être parti en vacances.
g. La chaise .... tu es assis vient d'Australie.
h. Les problèmes .... vous faites allusion doivent être pris au sérieux.
i. Voilà les toiles .... vous pouvez peindre.
j. Les enfants .... nous organisons cette fête sont très responsables.

102 **Imaginez la suite.**

✓ Exemple : Voici le candidat pour qui **nous avons voté**.

a. Elle n'a pas pu acheter la voiture dont ....
b. C'est pour cela que ....
c. Paris est la ville dans laquelle ....
d. Je te présente mon ami Michel avec qui ....
e. Voici le fleuve le long duquel ....
f. C'est un pays où ....
g. J'ai trouvé le dictionnaire que ....
h. Olivier a apporté le document dont ....
i. C'est une question à laquelle ....
j. Vous entendrez plusieurs voix, parmi lesquelles ....

103 **Remplacez** *qui* **par** *lequel, laquelle, lesquels* **ou** *lesquelles.*

✓ Exemple : La jeune fille avec **qui** il parlait dans la rue était sa collaboratrice.
▶ La jeune fille avec **laquelle** il parlait dans la rue était sa collaboratrice.

a. La seule personne sur qui elle compte vraiment est M. Rousseau.
b. L'adversaire contre qui il doit se battre est le redoutable Max le Carnage.
c. Les enfants avec qui ils jouent sont les neveux de la gardienne.
d. Le médecin pour qui vous travaillez parle avec un léger accent espagnol.
e. Les musiciens avec qui ils jouent viennent de Strasbourg.
f. Nous avons conservé d'excellentes relations avec la pharmacienne sans qui nous ne nous serions jamais rencontrés.
g. Pauline et Agnès derrière qui j'étais assise au théâtre ont éclaté de rire à plusieurs reprises.
h. Cette vieille dame pour qui elle était prête à tout était sa grand-mère.
i. Les collègues avec qui nous avons dîné parlaient de leur travail avec humour.
j. Nicolas a fait une rencontre ce matin ; l'homme sur qui il est tombé dans le métro était son ancien professeur de piano.

104 Transformez les phrases suivantes en utilisant *duquel* ou *dont*.

✓ Exemple : Nous avons passé nos vacances près d'un village qui était très bien équipé sur le plan sportif.
▸ Le village près **duquel** nous avons passé nos vacances était très bien équipé sur le plan sportif.

a. Les chiens représentent en ville un réel fléau ; à cause d'eux, des sommes considérables sont dépensées pour nettoyer les trottoirs.

b. On a établi des statistiques sur l'audimat ; à partir de ces statistiques, on organise les grilles des prochains programmes.

c. Christophe Dechavanne a animé pendant plusieurs années une émission intitulée « Ciel mon mardi ». Le directeur de TF1 était très content de cet animateur.

d. La Grande Bibliothèque de France est bâtie sur la rive gauche de la Seine ; en face de la Grande Bibliothèque, se dresse l'imposant ministère des Finances.

e. Le 8 février 1992, s'est déroulée la cérémonie d'ouverture des jeux Olympiques d'hiver à Albertville. Au cours de cette cérémonie, le chorégraphe Philippe Découflé a fait preuve d'une grande originalité.

f. L'hymne national français met en avant certaines formules très guerrières ; à cause d'elles, on envisage de le modifier.

g. En 1989, les Françaises représentaient 42,5 % de la population active. Leur journée de travail durait en moyenne 5 h 16 min auxquelles il fallait ajouter 4 h 38 min de travail domestique.

h. La mer Méditerranée attire toujours autant de touristes. Au bord de la mer Méditerranée, s'étendent des kilomètres de plages.

i. Leur maison était entourée d'un joli jardin ; près de ce jardin coulait une cascade.

j. C'est une chance formidable pour Claire. Ses parents ne sont pas convaincus qu'elle s'en rende compte.

105 Reliez ces phrases en employant *duquel*, *de laquelle*, *desquels* ou *desquelles*.

Exemple : En 1988, s'est produit un très grave accident à la gare de Lyon. À la suite de cet accident, de nouvelles mesures de sécurité ont été prises par la SNCF.
▸ En 1988, s'est produit un très grave accident à la gare de Lyon à la suite **duquel** de nouvelles mesures de sécurité ont été prises par la SNCF.

a. La réunion s'est tenue en province. Jacques est rentré tard à cause de cette réunion.

b. Nous vivons près d'une cité. Dans cette cité, les équipements sportifs et culturels se développent rapidement.

c. Une loi vient d'être votée contre le harcèlement sexuel au travail. Sous l'effet de cette loi, les harceleurs seront désormais passibles d'une amende.

d. Le Concorde vient de remporter le record de vitesse ; il a effectué le tour du monde en 32 heures et 49 minutes. À bord du Concorde, les passagers ont vécu le jour le plus long de leur vie, sans jamais voir la nuit.

e. Le permis de conduire à points reste peu populaire en France. À cause de lui, les camionneurs ont déclenché un important mouvement de grève.

f. L'Électricité de France est le premier exportateur d'électricité en Europe. Au sein de l'EDF, 119 200 personnes étaient employées en 1991.

g. En octobre 1992, le Grand Palais a ouvert ses portes pour la FIAC*. À l'intérieur du Grand Palais, les amateurs d'art contemporain pouvaient découvrir les œuvres des jeunes artistes.

h. La tour Eiffel fut l'objet de nombreuses polémiques lors de sa construction. Au pied de la tour se pressent chaque année des millions de touristes.

i. Un nouvel album de chansons de Juliette Gréco vient de sortir ; peu de gens restent insensibles à ses chansons.

j. Certains villages de Savoie sont aujourd'hui abandonnés : les jeunes générations sont parties s'installer loin de ces villages.

FIAC : Foire internationale de l'art contemporain

106 Complétez les phrases suivantes par *auquel* ou *duquel*.

✓ Exemple : Le style « baba cool » ***auquel*** on était hostile dans les années 80 séduit à nouveau la jeunesse.

a. Les téléspectateurs ont été nombreux à suivre le magazine « 7 sur 7 » .... Madonna avait été invitée.

b. La tour Montparnasse du haut .... on peut admirer tout Paris a été édifiée en 1974.

c. Les actions humanitaires .... les Français se sont vu sensibiliser ces dernières années remportent en général leur approbation.

d. Les mairies, à la charge .... est soumis l'entretien des écoles, consacrent une partie de leur budget à l'équipement en informatique.

e. Les quais au bord .... les bouquinistes sont installés offrent un joli lieu de promenade.

f. Les mouvements écologistes .... les jeunes sont nombreux à adhérer occupent une place grandissante en France.

g. Les fêtes de fin d'année grâce .... on bénéficie de quelques jours de repos donnent souvent l'occasion de partir en province.

h. Les personnes âgées, en comparaison .... les jeunes constituent une minorité en France, pèsent lourd dans les résultats des élections.

i. La nouvelle cuisine .... personne ne veut plus goûter a laissé place au retour de la cuisine bourgeoise.

j. Les jeunes .... les hommes politiques font mine de s'intéresser misent leur avenir sur la famille et le travail.

C. La mise en relief

107 Écrivez le verbe entre parenthèses à la forme qui convient.

✓ Exemple : C'est moi qui vous (téléphoner/passé composé) ce matin.
▸ C'est moi qui vous **ai téléphoné** ce matin.

a. Est-ce toi qui (travailler/passé composé) .... à Québec ?
b. Je ne pense pas que ce soient les filles qui (laisser/subjonctif passé) .... la porte ouverte hier soir.
c. Ce n'est pas votre fils qui (aller/conditionnel présent) .... passer ses vacances à restaurer un château en ruines !
d. Elise est certaine que c'est elle qui (devoir/futur) .... se présenter la première devant le jury.
e. C'est moi qui (être/présent) .... tête de liste.
f. Réellement, c'est vous qui (accepter/conditionnel présent) .... de travailler à domicile ?
g. Ce n'est pas moi qui l'(dire/plus-que-parfait) .... , c'est Michel !
h. Ce sont les Américains qui (avoir/présent) .... une opinion fausse des Français.
i. Paul a dit que ce n'était pas lui qui (casser/plus-que-parfait) .... ce vase.
j. Le tribunal ne pense pas que ce soit vous qui (commettre/subjonctif passé) .... ce crime.

108 Réécrivez ces phrases en mettant en relief les éléments soulignés.

✓ Exemple : <u>Gérard Depardieu</u> incarne le personnage de Christophe Colomb dans le film de Ridley Scott.
▸ C'est Gérard Depardieu qui incarne Christophe Colomb dans le film de Ridley Scott.

a. En janvier 1988 a eu lieu le lancement de <u>la première fusée Ariane 4</u>.
b. L'Allemagne, la France et l'Italie se sont associées <u>pour la création du futur avion spatial Hermès</u>.
c. En Allemagne, <u>en 1987</u>, on a enregistré le plus faible nombre d'heures de travail annuel, venant derrière les Pays-Bas et la France.
d. <u>Grâce aux accords de Matignon</u>, signés en 1936, le travail hebdomadaire fut limité en France à 40 heures.
e. <u>Depuis 1982</u>, la semaine de travail est passée à 39 heures et on a droit à une cinquième semaine de congés payés.
f. Au Mondial de l'automobile, la présentation de <u>la nouvelle petite Renault</u> a suscité un vif intérêt.
g. En 1898, Louis Renault fabrique sa première voiture <u>à Boulogne-Billancourt</u> dans la propriété familiale.
h. En 1991, <u>la France</u> bat des records pour son taux de chômage de 9,8 %.
i. Les jeunes sont plus touchés par <u>le chômage</u> en France que les autres classes d'âge.
j. L'écu devrait bientôt permettre <u>aux Européens</u> de payer leurs achats et de voyager plus facilement dans les pays de la CEE.

BILAN

109 Complétez ce texte par des pronoms relatifs.

Les jeunes Français en 1992 (d'après *L'Express* du 1er octobre 1992)

Les jeunes ………… ont aujourd'hui 17 ans sont nés à l'époque ………… Giscard était président de la République. C'est avec la crise économique ………… ils ont grandi, et 26 ans c'est l'âge ………… ils auront atteint en l'an 2001. Leurs parents avec ………… ils vivent le plus souvent sont « cool » ; voilà des enfants ………… on ne sait rien refuser : ni le baladeur, ni les disques compacts, ni le scooter… Néanmoins ces jeunes sont inquiets ; les problèmes ………… ils sont confrontés chaque jour, ………… la société leur a créés et ………… la presse parle quotidiennement, ces problèmes, donc, obscurcissent leur horizon. Ce sont le sida, la drogue, le chômage… Il y a un autre sujet d'inquiétude ………… les jeunes discutent entre eux, c'est leurs études. Ce souci permanent les stresse ; c'est de ce stress ………… proviennent leur tabagisme et leur consommation de tranquillisants. Heureusement, il y a l'amour ; voilà une valeur à ………… ils croient encore et c'est sûrement ce à ………… ils se raccrochent lorsqu'ils dépriment.

VI. LES CONSTRUCTIONS VERBALES

QUAND IL TONNE, IL FAUT ÉCOUTER TONNER.

A. Les constructions impersonnelles

110 Mettez les phrases suivantes au pluriel, si c'est possible.

✓ Exemple : Il est utile de savoir taper à la machine. (impossible)

a. Il a suffi d'une plaque de verglas pour qu'on rate le virage.
b. Hier, il a fait très chaud.
c. Le mois dernier, il a fait un stage à Montpellier.
d. Il est essentiel que vous entriez à l'université.
e. Il arrive à 13 h 25 à la gare de Lyon.
f. Il affirme qu'il fera beau demain.
g. Il est certain de partir au Vietnam l'été prochain.
h. Il arrive que les rêves se réalisent.
i. Il est étonnant qu'il ait appris le chinois.
j. Il existe un remède miracle contre la migraine.

111 Commentez ces informations météo en employant des constructions impersonnelles.

Exemple : De gros flocons sont tombés sur la Savoie.
   ▸ Il a neigé sur la Savoie.

a. La pluie tombe continuellement en Bretagne.
b. La tempête fait rage sur la côte atlantique ; on enregistre des vents de force 4.
c. Le thermomètre est tombé cette nuit à 5° en dessous de zéro.
d. Demain, les températures seront douces pour la saison.
e. Le jour se lèvera demain à 5 h 03.
f. La nuit tombera à 21 h 25.
g. La pluie s'est arrêtée, faisant à nouveau place au soleil.
h. L'orage éclate : on entend le tonnerre.
i. Une petite pluie fine et persistante tombe sur Concarneau.
j. Avignon jouira d'une température élevée avoisinant 25°.

112 Reformulez ces phrases en employant des constructions impersonnelles.

✓ Exemple : Au Yémen, trop d'enfants naissent dans des conditions difficiles.
▸ Au Yémen, il naît trop d'enfants dans des conditions difficiles.

a. Hier soir, un événement étrange s'est produit devant chez nous.
b. Chaque année, beaucoup d'automobilistes meurent sur les routes.
c. Un sourire suffit pour que tout s'arrange.
d. Pas un jour ne se passe sans qu'elle téléphone à sa mère.
e. Une solution existe toujours pour régler les problèmes.
f. Un accident est arrivé ; elle en est convaincue.
g. Une association pour lutter contre la solitude s'est créée à Paris.
h. Philippe manque à notre réunion d'anciens élèves de l'ISG*.
i. Peu d'argent suffit pour vivre en province.
j. Après le goûter, du chocolat est resté sur la table.

* ISG : Institut supérieur de gestion

113 En suivant les modèles donnés, transformez ces phrases.

✓ Exemples : On vend beaucoup de parapluies au printemps.
▸ Il se vend beaucoup de parapluies au printemps.

On a décidé de fermer la salle des fêtes.
▸ Il a été décidé de fermer la salle des fêtes.

a. On loue du matériel de bricolage dans les grandes surfaces.
b. On boit de moins en moins de vin en France.
c. On consomme davantage de produits allégés.
d. On a créé une association semblable aux « Restos du cœur ».
e. On a décrété que l'abus de tabac était dangereux pour la santé.
f. On prend moins de jours de congés que dans les années 70.
g. On prévoit un allègement des impôts pour les personnes âgées.
h. On accorde une importance croissante à la cellule familiale.
i. On a attribué une aide supplémentaire aux RMIstes.
j. On fabrique de plus en plus d'appareils équipés de puces.

B. Les constructions verbales avec *à* et *de*.

114 Reliez les éléments suivants pour en faire des phrases.

✓ Exemple : Il nous demande d'arriver chez lui vers 20 h 30.

a. Il nous demande   1. à notre proposition.
b. Je vous parlerai   2. à l'hôtesse.
c. Adressez-vous   3. de ce film ?
d. Ma mère se plaint   4. à ce que ses élèves progressent.

e. Réfléchissez
f. Pensez
g. Le professeur tient
h. N'oubliez pas
i. Nous refusons
j. Tu ne te souviens pas

5. de brancher le magnétoscope.
6. de payer un loyer si élevé.
7. de mon prochain voyage.
8. d'arriver chez lui vers 20 h 30.
9. à terminer cet exercice pour demain.
10. de ses jambes.

115 Complétez les phrases suivantes par *à* ou *de*.

✓ Exemple : Il a pris l'habitude **de** fumer un cigare après le dîner.

a. Vous ne vous préoccupez pas suffisamment ...... votre retraite.
b. Les enfants n'ont pas envie ...... partir en colonie de vacances.
c. On a attribué le 1er prix de mots croisés ...... Mlle Bardou.
d. Mes voisins ont proposé ...... Sophie ...... partir en week-end avec eux.
e. Son mari a très envie ...... cette nouvelle moto.
f. Béatrice Dalle plaît ...... la population masculine.
g. Les contribuables s'acquittent chaque année ...... leurs impôts.
h. Ce truand est arrivé ...... extorquer des sommes importantes à des vieilles dames du quartier.
i. Nous avons décidé ...... nous marier l'an prochain.
j. Pierre a renoncé ...... collaborer ...... ce travail.

116 Complétez les phrases suivantes par *à* ou *de*.

✓ Exemple : Jean-Marc s'est très vite adapté **à** son nouvel environnement.

a. On s'est aperçu un peu tard .... l'erreur qu'on avait commise.
b. Cette musique ressemble étrangement .... un morceau de Bach.
c. On a permis .... Antoine .... jouer sur la place.
d. Il se moque .... tout, il ne s'intéresse .... rien.
e. Les étudiants ont hâte .... avoir terminé leurs examens.
f. Le psychologue a amené Nathalie .... s'occuper davantage .... elle.
g. C'est ainsi qu'elle s'est guérie .... ses crises.
h. Olivier a souri .... Patricia mais il a eu peur .... lui parler.
i. Le vendeur montre toujours .... ses clients comment se servir .... cet appareil très perfectionné.
j. Nicolas a bien fait .... aider cette femme .... traverser la rue.

117 Classez ces verbes selon qu'ils se construisent avec *à* ou *de*.

a. croire   b. changer   c. se souvenir   d. se mettre   e. juger   f. se passer
g. réussir   h. rire   i. se tromper   j. faire semblant.

À	DE
✓ Exemple : croire	

118 Que faites-vous ? Faites des phrases à partir du modèle.

✓ Exemple : Catherine, dimanche prochain, serais-tu d'accord pour aller aux champignons avec moi ? (proposer)
▸ Je propose à Catherine d'aller aux champignons dimanche prochain.

a. Simon, je regrette, mais tu n'iras pas chez les Pello demain soir. (interdire)
b. Anna, tu déménages ? Nous viendrons t'aider ! (promettre)
c. Soldats du 2e bataillon, vous ferez une ronde toutes les deux heures. (ordonner)
d. Les enfants, vous prendrez votre bain avant de jouer. (recommander)
e. Petite sœur, va voir ce film, il est fantastique ! (conseiller)
f. Valentine, n'oublie pas d'acheter le pain ! (crier par la fenêtre)
g. Les lycéens ne doivent pas fumer dans l'établissement. (défendre)
h. Pour l'accord des participes passés, Victor, tu cherches d'abord l'auxiliaire. (demander)
i. Mathilde, tant que tu n'auras pas terminé ta soupe, tu ne sortiras pas de table. (forcer)
j. Richard, je tiens à ce que tu rentres dès la fin du film. (rappeler)

C. Les constructions verbales suivies de l'infinitif

119 Terminez les phrases à l'aide d'un infinitif (présent ou passé).

✓ Exemple : Je ne savais pas à qui **demander ton adresse**.

a. Clara voudrait te parler avant de ....
b. Il faut lire ce roman pour ....
c. Une loi vient d'être votée afin de ....
d. Vous pouvez apprécier la montagne sans ....
e. J'ai couru de crainte de ....
f. Elle a éclaté de rire après ....
g. Cet homme a été condamné pour ....
h. Je ne sais pas quoi ....
i. Tu lui as dit comment ....
j. Nous sommes sortis après ....

120 Complétez en utilisant à, de, pour, sans, avant de, afin de.

✓ Exemple : Elle s'est décidée **à** passer son permis de conduire.

a. Pourquoi refusez-vous .... nous accompagner.
b. Elle a fait sa valise .... discuter.
c. Ils ont décidé .... faire des économies .... voyager au Brésil.
d. .... lui plaire, il s'est fait couper les cheveux.
e. Nous venons juste .... terminer le rapport.
f. Paul est parti .... nous avoir prévenus.
g. .... quitter le chalet, n'oubliez pas .... fermer les volets.

h. Tu ne fais pas assez d'efforts .... le comprendre.

i. Elle nous invite .... passer quelques jours en Corse.

j. Fais une liste .... ne rien oublier.

121 Soulignez la formule correcte.

✓ Exemple : Vous ne devriez pas (à fumer/<u>fumer</u>/pour fumer) autant.

a. Ce serait dommage (sans rater/à rater/de rater) le début du film.

b. Elle avait pris sa décision (avant de lire/pour lire/à lire) leur lettre.

c. À quel âge avez-vous appris (faire/de faire/à faire) du vélo ?

d. Pourquoi ne choisis-tu pas (de louer/à louer/pour louer) un bungalow ?

e. Comme tu es longue (te décider/de te décider/à te décider) !

f. Quand accepterez-vous (pour nous livrer/de nous livrer/à nous livrer) le réfrigérateur ?

g. Elle refuse absolument (pour coopérer/de coopérer/à coopérer) à ce travail.

h. Il est dangereux (se pencher/à se pencher/de se pencher) par la fenêtre.

i. Je vous interdis (de dire/à dire/pour dire) des grossièretés.

j. Elle nous a suggéré (pour acheter/d'acheter/à acheter) une voiture plus puissante.

D. Les constructions verbales suivies du subjonctif

122 Faites des transformations suivant le modèle.

✓ Exemples : Le boulevard périphérique est fermé la nuit, ça arrive.
> ▶ Il arrive que le boulevard périphérique soit fermé la nuit.
>
> Il a plu tout la journée, ce n'est pas drôle.
> ▶ Ce n'est pas drôle qu'il ait plu toute la journée.

a. Émilie téléphonera à l'abbé Pierre, c'est important.

b. Renseignez-vous auprès de la mairie de votre arrondissement, c'est préférable.

c. Elles passent leur bac d'abord, c'est essentiel.

d. Nous viendrons vous chercher à 8 heures, c'est souhaitable.

e. Elle gardera le lit quelques jours, c'est inévitable.

f. Ils devront terminer ce travail avant de quitter l'atelier, ce n'est pas ennuyeux ?

g. Vous vous êtes inscrite sur les listes électorales pour voter, c'est obligatoire.

h. Nous avons invité le directeur de mon mari à dîner, c'est bien.

i. Léopoldine a commencé à marcher à dix mois, c'est inespéré.

j. Vos amis vietnamiens ont préparé des plats typiques, c'est une bonne idée.

123 Mettez les verbes entre parenthèses à la forme qui convient.

✓ Exemple : Dominique souhaite que vous (se rétablir) .... vite.
▶ Dominique souhaite que vous vous rétablissiez vite.

Il a regretté que vous (ne pas pouvoir) .... venir au théâtre samedi dernier.
▶ Il a regretté que vous n'ayez pas pu venir au théâtre samedi dernier.

a. Mme Miquet n'accepte pas que tu (mal répondre) .... aux questions du dernier test.
b. Son père a accepté qu'ils (faire) .... une partie de jeu de l'oie avant d'aller au lit.
c. Elle a réellement apprécié que vous (venir) .... l'aider mercredi dernier.
d. Tu veux vraiment que pour ton mariage nous (porter) .... des robes longues ?
e. Aurais-tu préféré qu'elle (avoir) .... un enfant sans te prévenir ?
f. Mon grand-père a proposé qu'on (se réunir) .... tous pour ses 80 ans.
g. Le PDG a déploré que ses associés (s'absenter) .... si longtemps pendant les dernières vacances.
h. Le proviseur a interdit que les classes (être) .... ouvertes avant l'arrivée des professeurs.
i. Pascal a mal supporté que vous lui (tenir tête) .... hier soir.
j. La voisine était très contente que tu lui (faire) .... ses courses la semaine passée.

124 Jacques a dit...
Réécrivez ces phrases en employant les éléments donnés (attention : des prépositions sont parfois nécessaires).

✓ Exemple : Tu viendras me voir/dire
▶ Il a dit que tu viennes le voir.

a. Tu prendras ta voiture / demander
b. Tu seras à l'heure / insister
c. Tu sauras ton rôle / tenir
d. Vous connaîtrez vos verbes au subjonctif / recommander
e. Vous irez à Deauville / proposer
f. Vous sortirez en avance / refuser
g. Elles boiront du champagne / insister
h. Elles mettront un manteau pour sortir / vouloir
i. On partira en Espagne / tolérer
j. On en fera à notre tête / ne pas admettre

125 Émettez des doutes en restant prudent.

✓ Exemple : Ils ont oublié les documents au bureau./Je ne pense pas
  ▸ Je ne pense pas qu'ils aient oublié les documents au bureau.

a. Vous avez déménagé./Elle ne croit pas ....
b. On a cambriolé votre appartement./Il est impossible ....
c. Émilie est devenue très jolie./Il a du mal à croire ....
d. Jean conduisait trop vite./Il est peu probable ....
e. Les Rita Mitsouko ont sorti un nouveau disque./Je doute ....
f. Le divorce de Pauline s'est bien terminé./Il semble ....
g. Vous n'avez pas payé votre facture d'électricité./Il se peut ....
h. Nous n'avons pas été avertis de leur changement d'adresse./Il est possible ....
i. Tu n'avais pas le droit de sortir hier soir./Je ne peux pas croire ....
j. On s'est promené jusqu'à 3 heures du matin./Ce n'est pas possible ....

E. Les constructions verbales suivies de l'infinitif, de l'indicatif ou du subjonctif

126 Choisissez le temps qui convient.

✓ Exemple : Je pense qu'il .... demain.
  ☐ vienne ☒ viendra ☐ venait

a. Il est dommage qu'il .... ; on ira à la mer un autre jour.
  1 ☐ pleut 2 ☐ pleuvra 3 ☐ pleuve
b. Tout le monde sait que le Japon .... une île.
  1 ☐ est 2 ☐ soit 3 ☐ ait été
c. Je trouve qu'il .... raison.
  1 ☐ ait 2 ☐ a eu 3 ☐ ait eu
d. Il suffit que tu lui .... la vérité !
  1 ☐ dis 2 ☐ diras 3 ☐ dises
e. Nous regrettons que vous ne .... pas venir.
  1 ☐ pouvez 2 ☐ pourrez 3 ☐ puissiez
f. On ne vous a pas dit que Brigitte .... de l'escalade ?
  1 ☐ fasse 2 ☐ avait fait 3 ☐ ait fait
g. Je vais te présenter Alice, je suis sûr qu'elle te ....
  1 ☐ plaît 2 ☐ plaira 3 ☐ plaise
h. Pourvu qu'elle n'............... pas !
  1 ☐ attend 2 ☐ attende 3 ☐ attendait
i. Maman aimerait que tu .... tes devoirs quand elle rentrera.
  1 ☐ finis 2 ☐ finiras 3 ☐ aies fini
j. Nous sommes déçus que cet objet ....
  1 ☐ disparaît 2 ☐ ait disparu 3 ☐ disparaissait

127 Complétez les phrases avec les expressions suivantes :
croire que, être sûr que, regretter que, craindre que, vouloir que, penser que, s'apercevoir que, assurer que, il faut que, il se peut que, **(plusieurs réponses sont possibles).**

✓ Exemple : *Je vous assure que* vous ne trouverez pas moins cher ailleurs.

a. On .... ils n'aient pas été prévenus.
b. Il .... tu me répondes franchement.
c. Je .... le Paris-Saint-Germain* va gagner.
d. Elle .... vous soyez déçu.
e. Il .... tu ailles voir un médecin.
f. Nous .... ce cadeau lui fera plaisir.
g. Il .... Sophie n'ait pas été embauchée.
h. On .... l'emploi du temps des écoliers est beaucoup trop chargé.
i. Je .... j'ai vu tous ses films.
j. Elles .... ils n'arriveront pas en retard.

* le Paris-Saint-Germain: club de football

128 Faites le bon choix (deux réponses sont possibles).

✓ Exemple : Je regrette   ☒ que tu ne puisses pas venir.
                                     ☐ que vous êtes malade.
                                     ☒ d'arriver en retard.

a. Il serait bon
    1 ☐ que tu prends le train.
    2 ☐ qu'on aille la voir.
    3 ☐ d'être tous ensemble à Noël.

b. C'est dommage
    1 ☐ de jeter ce gâteau.
    2 ☐ que tu aies raté ton examen.
    3 ☐ que tu fais un stage cet été.

c. Nous craignons
    1 ☐ d'avoir des embouteillages.
    2 ☐ qu'elle ne retombe malade.
    3 ☐ que nous arrivons en retard.

d. Je suis heureux
    1 ☐ de te voir.
    2 ☐ que tu nous rejoignes.
    3 ☐ que vous venez avec nous.

e. Il est extraordinaire
    1 ☐ que vous n'ayez rien eu.
    2 ☐ que je suis chez moi à cette heure-ci.
    3 ☐ de se baigner dans la mer en décembre.

f. C'est bizarre
    1 ☐ qu'elle ne répond pas.
    2 ☐ qu'ils ne soient pas au rendez-vous.
    3 ☐ de se rencontrer dans la rue pour la deuxième fois.

g. Pierre est furieux
    1 ☐ que vous ne lui téléphonez pas.
    2 ☐ de ne pas assister à leur mariage.
    3 ☐ que tu aies cassé sa montre.

h. Je crains
    1 ☐ qu'il ne pleuve.
    2 ☐ d'avoir mal à la tête.
    3 ☐ qu'il veut faire la promenade avec nous.

i. Pauline est très étonnée
   1 ☐ que tu fais du théâtre.
   2 ☐ d'être convoquée à l'oral.
   3 ☐ que ses parents ne viennent pas la voir.

j. Il est curieux
   1 ☐ de donner rendez-vous au rayon jouets d'un grand magasin.
   2 ☐ que tu vas à Madagascar cet été.
   3 ☐ que tu veuilles absolument manger des huîtres ce soir.

129 Reformulez ces phrases selon les exemples.

✓ Exemples : Je n'admets pas leur erreur/se tromper
▸ Je n'admets pas *qu'ils* se soient trompés.

Elle reconnaît ton brillant succès/réussir
▸ Elle reconnaît *que tu* as réussi brillamment.

a. Vous me signalez l'absence d'Antoine hier matin./être absent. Vous me signalez qu'Antoine ....
b. On reconnaît l'augmentation du trafic aérien./augmenter ....
c. Je souhaite la guérison rapide de Delphine./guérir ....
d. Je doute de son exactitude./être à l'heure ....
e. Tu attends l'arrivée de Jacqueline./arriver ....
f. L'avocat soutient l'innocence de Nicolas./être innocent ....
g. Vous annoncez la venue des Rousseau en mai./venir ....
h. On suppose la participation des pays européens pour le mois prochain./participer ....
i. On a prévenu Alice de la mort de Gainsbourg./être mort ....
j. Tu regrettes la disparition du journal *L'Aurore*./disparaître ....

130 Complétez en utilisant *que, de ce que, à ce que/qu'*.

✓ Exemples : Je refuse *qu'*ils passent une semaine à la maison.
J'ai tenu *à ce que* tu viennes en voiture.
Êtes-vous sûr *de ce que* vous affirmez ?

a. Il n'est pas favorable .... on parte en Guadeloupe.
b. Je suis pressé .... vous arriviez.
c. Êtes-vous opposés .... il fasse une classe préparatoire ?
d. Je ne me souviens pas .... j'ai lu hier soir dans le journal.
e. La propriétaire s'indigne .... ses locataires manquent autant de savoir-vivre.
f. Valérie est très fière .... elle te propose.
g. Es-tu surpris .... elle se soit mariée avec Mathieu ?
h. Je m'habitue .... vous preniez de temps en temps ma voiture.
i. Faites attention .... Marie prenne des vêtements chauds.
j. Elle prétend .... ce circuit est trop touristique.

131 *Rayez la préposition qui ne convient pas et mettez les verbes entre parenthèses à la forme correcte.*

À PROPOS DES COLLECTIONS DES GRANDS COUTURIERS

Au printemps et en été, les grands couturiers présentent leur nouvelle collection. Ils font défiler des créatures de rêve vêtues de tenues merveilleuses. Bien que ces défilés prestigieux (susciter) .... toujours autant d'intérêt, les clientes se font de plus en plus rares. À cela, plusieurs explications possibles : on n'a plus les moyens (à/de) s'offrir des pièces uniques, à quoi bon s'habiller de façon si peu pratique alors qu'on peut assister (à/d') un spectacle à l'Opéra en tenue de ville ! Et puis le prêt-à-porter s'est positionné en concurrent de la haute-couture, s'efforçant (à/d') offrir à ses clientes des modèles originaux émanant de stylistes puis de créateurs. Doit-on en conclure qu'on assiste aux derniers soubresauts de la haute couture ? Absolument pas ! Il est essentiel qu'elle (continuer) .... (à/de) nous émerveiller, d'autant qu'il semble juste qu'on (reconnaître) .... (à/d') ces présentations de collections une double mission esthétique et commerciale : elles sont (à/de) prendre comme des vitrines renfermant des œuvres d'art vivantes et quoique le prix de ces pièces uniques (être) .... absolument inaccessible, n'allez pas penser qu'elles (n'occasionner) .... aucun profit : elles servent (à/de) faire connaître le génie de leur créateur et remplissent ainsi une fonction publicitaire.

VII. LE PASSIF

UN MOT DIT À L'OREILLE EST ENTENDU DE LOIN.

A. Le passif des temps de l'indicatif

132 Si c'est possible, mettez les phrases suivantes au passif.

✓ Exemples : Paul prendra les bagages.
    ▸ Les bagages seront pris par Paul.

    Patricia rentrera tard. ▸ (inchangé)

a. On reçoit les patients sur rendez-vous.
b. Le maire réfléchira à votre cas.
c. Les téléspectateurs n'aiment pas ce journaliste.
d. Le président a levé la séance.
e. Ce forfait de ski m'a coûté 115 francs.
f. Ce roman comportait 18 chapitres.
g. Un buffet suivra la cérémonie.
h. On est en train de rénover le 19e arrondissement.
i. La société avait envisagé de réduire son personnel.
j. On attendait le chef d'État pour inaugurer la nouvelle bibliothèque.

133 Réécrivez ces phrases au passif en prenant garde aux temps.

✓ Exemple : Demain les ouvriers décideront la poursuite de la grève.
    ▸ La poursuite de la grève sera décidée par les ouvriers.

a. La semaine prochaine, les parlementaires étudieront de nouveaux projets de loi.
b. Depuis le début de l'année, on a constaté une hausse du chômage.
c. Dans les jours à venir, le ministre de la Santé révisera les honoraires des médecins généralistes.
d. L'est de la France souhaite une politique plus écologique.
e. Des personnalités de divers horizons ont inauguré le parc Eurodisney en avril 92.
f. Les jeux Olympiques d'Albertville ont rassemblé un large public.
g. Le président de la République a nommé l'ancien ministre des Finances Premier ministre.
h. Il est vraisemblable qu'aux environs de l'an 2000, les Européens paieront leurs achats en écus.
i. L'augmentation des taxes sur le tabac couvrira peut-être le déficit de la Sécurité sociale.
j. En France, on pourrait diminuer le temps de travail pour réduire le chômage.

134 Faites les transformations par l'actif ou le passif selon le cas.

✓ Exemples : On devra régler la redevance une fois par an.
▸ La redevance devra être réglée une fois par an.

Les candidats pouvaient être élus par les représentants.
▸ Les représentants pouvaient élire les candidats.

a. Le nouveau réseau autoroutier pourrait améliorer la circulation en Île-de-France.
b. Le ministre des Transports devra augmenter les tarifs SNCF à compter du 1er juillet.
c. En France, en 1991, on pouvait obtenir l'installation d'une ligne téléphonique dans un délai de 5 jours.
d. En 1990, 15 % de la population française a pu être recensée comme ayant moins de 19 ans.
e. Une femme mariée peut accoler le nom de son mari à son propre nom.
f. En France pour se marier, on doit entreprendre des démarches auprès de la mairie deux mois avant la date du mariage.
g. Le musée du Louvre peut être visité jusqu'à 22 heures.
h. Avant l'an 2000, la majorité des Françaises pourrait atteindre l'âge de 82 ans.
i. Depuis 1968, on a pu enregistrer une forte hausse du travail féminin.
j. Entre 1961 et 1991, 24 000 écoles ont dû être fermées en France.

135 Transformez les phrases suivantes du passif à l'actif.

✓ Exemple : Les enfants seront gardés par une amie.
▸ Une amie gardera les enfants.

a. Cette maison a été achetée par les Giraud.
b. Carcassonne est entourée de remparts.
c. Le beau temps sera attendu dans les jours à venir.
d. La piscine était gérée par la municipalité.
e. Nicolas serait invité par Stéphanie si elle était moins timide.
f. Ces meubles seront commercialisés par Mobifrance.
g. *Biba* est lu par les jeunes femmes.
h. *Le Petit Criminel* a été primé par le jury.
i. Pourvu que cet appartement ne soit pas loué par une agence.
j. Sophie avait été félicitée par son institutrice.

136 Réécrivez ces phrases au passif si c'est possible, en utilisant *de, par*...

✓ Exemple : Le forfait incluait le voyage et l'hébergement.
▸ Le voyage et l'hébergement étaient inclus dans le forfait.

a. La fanfare précédait le cortège.
b. Ce mur mesurera deux mètres de haut.
c. La neige recouvre le sommet de l'Aiguille Verte.
d. Les linguistes connaissent bien cette difficulté grammaticale.
e. Un cocktail suivra la projection du film.

f. Un petit bois et la falaise entourent la maison.
g. Ce feuilleton comporte cent trente épisodes.
h. Les Dumont adorent votre mère.
i. Elles ont rencontré un homme passionnant hier soir.
j. Dominique avait tout de suite obéi à son directeur.

137 Écrivez une phrase au passif à partir de ces titres.

✓ Exemple : Découverte d'un site préhistorique dans la Vallée des Merveilles.
▸ Un site préhistorique a été découvert dans la Vallée des Merveilles.

a. Inauguration du Grand Louvre en 1993.
b. Développement de l'aide aux pays du tiers-monde.
c. Démocratisation des sports d'hiver.
d. Réduction des temps de transports en région parisienne.
e. Multiplication des hypermarchés en France.
f. Avril 1992 : suppression de la chaîne « La 5 ».
g. Augmentation du nombre des abonnés au téléphone : 29 millions en 1991.
h. Apparition des parcmètres à Paris en 1971.
i. Ouverture de la Très Grande Bibliothèque prévue pour 1995.
j. Mise en service du TGV Paris-Lyon en 1981.

B. Le passif du subjonctif

138 Faites disparaître *on* et utilisez la forme passive du subjonctif présent.

✓ Exemple : Il est possible qu'on change l'hymne français.
▸ Il est possible que l'hymne français soit changé.

a. Il faut qu'on développe l'enseignement des langues étrangères.
b. Les Français souhaitent qu'on simplifie les démarches administratives.
c. Les Parisiens voudraient qu'on stabilise le prix des loyers.
d. Le ministre de la Santé désire qu'on réduise la consommation des tranquillisants.
e. Vous avez peur qu'on ne découvre pas rapidement un remède au sida.
f. Il est nécessaire qu'on mette en place une politique sociale plus juste.
g. Je suis heureuse qu'on accueille tant de touristes en France.
h. Il est souhaitable qu'on limite la vitesse des voitures en ville.
i. Il craint qu'on ne favorise pas l'emploi des handicapés.
j. Vous vous opposez à ce qu'on réorganise le programme des ventes.

139 Réécrivez ce règlement de collège en utilisant des formules passives.

La direction demande aux professeurs :
✓ Exemple : une surveillance des élèves pendant les pauses ;
▸ que leurs élèves soient surveillés pendant les pauses ;

a. la fermeture des salles de cours la nuit ;
b. la remise en place du matériel pédagogique ;
c. le respect des consignes de sécurité ;
d. la tenue régulière des carnets de présence ;
e. la lecture quotidienne des notes administratives ;

La direction demande aux collégiens :
f. l'adoption d'un langage poli ;
g. la révision sérieuse des leçons ;
h. le port de vêtements corrects ;
i. le respect de l'interdiction de fumer ;
j. la régularité des présences.

140 Réécrivez ces phrases au passif

✓ Exemple : On ne pense pas qu'on ait étouffé ce scandale.
▸ On ne pense pas que ce scandale ait été étouffé.

a. Je ne suis pas sûre que les Martin aient trouvé la bonne solution.
b. Êtes-vous certains que les députés aient voté cette loi ?
c. Il ne lui semble pas que la presse ait pris trop de pouvoir.
d. Beaucoup de Parisiens auraient préféré qu'on n'ait pas détruit les Halles.
e. Imaginez qu'on ait bombardé le palais du Louvre pendant la guerre !
f. Je regrette que Béatrice Dalle n'ait pas tenu le rôle principal.
g. Que le chef n'ait pas rédigé lui-même ce rapport ne nous surprend pas vraiment.
h. Que Jacques Dutronc ait joué le personnage de Van Gogh, cela a produit un grand effet sur le public.
i. Les habitants du village ne pensent pas que les Romains aient construit cette tour.
j. N'auriez-vous pas préféré qu'on ait démoli l'ancienne gare de Bordeaux ?

C. Les verbes pronominaux à sens passif

 Distinguez les sens actifs (A) des sens passifs (P).

✓ Exemples : Ils se sont fait corriger. ▸ (P)

Ils se sont fait une belle maison. ▸ (A)

a. Marie s'est vu remettre une médaille par le maire.
b. Je me suis rendu compte trop tard de mon erreur.
c. Les enfants se sont laissé coucher sans discuter.
d. La gérante du restaurant s'est entendu dire que sa cuisine ne valait rien.

e. Elle a laissé partir ses clients sans rien dire.

f. Ce jeune homme s'est vu accuser d'un vol qu'il n'avait pas commis.

g. Avez-vous entendu dire qu'il y aurait des bouchons sur l'autoroute A7 dimanche prochain ?

h. Alice s'est fait une entorse à la cheville.

i. Dans son travail, mon père s'est vu confronter à un choix difficile.

j. Il a vu tomber les premiers flocons de neige.

142 Transformez suivant le modèle.

✓ Exemple : Les jupes se portent au-dessus du genou cette année.
▸ Les jupes sont portées au-dessus du genou cette année.

a. Le dollar s'achète 5,30 francs.

b. Le prix de l'Arc de Triomphe se court dimanche à Longchamp.

c. Un match de football se dispute au Parc des Princes.

d. Les clémentines se vendent 13 francs le kilo.

e. Rien ne se perd.

f. Le fromage de chèvre se mange avec du vin rouge.

g. Le champagne se boit frappé.

h. Le Mondial de l'automobile se prépare dès janvier.

i. Le ski se pratique dans les Alpes toute l'année.

j. Le prix Goncourt se décerne à l'automne.

143 Réécrivez les phrases suivantes en utilisant une forme passive.

✓ Exemple : Il s'est fait gronder par le proviseur.
▸ Il a été grondé par le proviseur.

a. Catherine s'est fait inviter par son directeur. ....

b. Ils se sont vu fouiller par les douaniers. ....

c. Francis Lalanne s'est fait huer par le public. ....

d. Jean s'est fait interroger par le commissaire. ....

e. Les enfants se sont laissé emmener sans histoire à la piscine. ....

f. Charlotte s'est fait opérer des amygdales. ....

g. Les pays alliés se sont laissé entraîner dans ce conflit. ....

h. Alain Prost s'est vu récompensé aux 24 heures du Mans. ....

i. Les cambrioleurs se sont laissé prendre par la police. ....

j. Lucchini s'est fait applaudir dans ce film. ....

144 Réécrivez ces phrases à l'aide des verbes pronominaux : se voir, se laisser, se faire.

✓ Exemples : Il a été tenté par ce voyage en Thaïlande.
▸ Il s'est laissé tenter par ce voyage en Thaïlande.

On remettra un trophée au vainqueur.
▸ Le vainqueur se verra remettre un trophée.

a. On m'a dit qu'il y aurait beaucoup de touristes dans le Sud. ....
b. J'ai été conviée à la cérémonie. ....
c. On a été averti par un simple télégramme. ....
d. Suzanne a été agressée dans la rue Rambuteau. ....
e. Les témoins ont été interrogés par le juge. ....
f. Ces dernières années, on a transformé tout le quartier. ....
g. La famille a été rapatriée à Brest très rapidement. ....
h. On a convaincu Paul d'accepter ce poste à Lyon. ....
i. Cécile sera prise à son propre jeu. ....
j. On applaudira sûrement le conférencier ; il est remarquable. ....

145 Indiquez ce qu'on lui/leur fait.

✓ Exemple : Marie est souffrante ; son médecin la soigne.
▸ Elle se fait soigner.

a. Jean a les cheveux trop longs ; le coiffeur va les lui couper.
b. Antoine est fatigué ; il veut que son père le porte.
c. Ma mère a mal au dos ; elle demande qu'on la masse.
d. Je ne peux pas ranger toutes ces caisses ; il faut qu'on m'aide.
e. Pauline va voir sa grand-mère ; elle veut qu'on la console.
f. Cette secrétaire s'absente trop souvent ; son patron risque de la renvoyer.
g. Vous réussissez un concours difficile ; votre entourage vous félicite.
h. Le directeur veut nous voir : il nous convoque à 14 heures.
i. Tu cherches un emploi ; cette entreprise engage du personnel.
j. Le cambrioleur a pris la fuite mais la police l'a rattrapé.

BILAN

146 *Complétez avec les verbes en bas de page.*

J'ai rencontré Jean dans la rue hier ; j'ai bien failli ne pas le reconnaître. Il faut dire que je ne l'avais pas vu depuis au moins 10 ans et qu'il a beaucoup changé. Autrefois, il était plutôt grassouillet ; aujourd'hui, il est très svelte. Je pense qu'il (a) .... Il avait les cheveux grisonnants et raides ; aujourd'hui, il a de belles boucles châtain. À mon avis, il (b) .... et il (c) .... les cheveux. Et puis, il arbore une magnifique moustache cirée qu'il doit (d) .... par un spécialiste. Il portait hier un superbe costume d'été ; j'imagine qu'il (e) .... par un grand couturier. Je (f) .... par de vieux amis communs qu'il vit maintenant au Panama où il dirige une plantation de café. Mais comme le café (g) .... bien, je n'aurais pas dû me (h) .... par sa nouvelle apparence. Ah, oui, j'oubliais : il roulait dans une décapotable très originale qui (i) .... sûrement .... spécialement pour lui.

se faire habiller - se laisser dire - se faire maigrir - se vendre - se laisser surprendre - se faire friser - se faire tailler - se faire recarrosser - se faire teindre.

VIII. LE SUBJONCTIF PASSÉ

IL NE FAUT PAS VENDRE LA PEAU DE L'OURS AVANT QU'ON NE L'AIT MIS À TERRE.

A. Forme

147 Passez du subjonctif présent au subjonctif passé.

✓ Exemple : il prenne ▸ il ait pris

a. ils veuillent
b. tu sois
c. j'aie
d. nous fassions
e. elles grandissent
f. elles grossissent
g. nous comprenions
h. tu deviennes
i. je réussisse
j. on mette

148 Passez du passé composé au subjonctif passé.

✓ Exemple : il a été ▸ il ait été

a. vous avez choisi
b. ils ont pris
c. tu as souffert
d. nous sommes arrivées
e. j'ai appris
f. on a pu
g. vous avez dû
h. tu es sortie
i. j'ai découvert
j. nous sommes venues

149 Complétez avec les verbes au subjonctif passé.

✓ Exemple : Je regrette que Sébastien *soit parti*. (partir)

Je regrette que…
a. vous .... peur (avoir)
b. tu .... (courir)
c. Marie .... (ne pas comprendre)
d. vous .... (attendre)
e. cet objet .... (disparaître)
f. nous .... (ne rien voir)
g. vous .... cela (décider)

h. tu .... (perdre)

i. Paul .... (ne pas venir)

j. les journalistes .... des difficultés (rencontrer)

150 Conjuguez les verbes au subjonctif passé.

✓ Exemple : Je ne pense pas qu'il **ait téléphoné**. (téléphoner)

a. Vous n'êtes pas sûr qu'il .... son but. (atteindre)

b. Elle regrette que tu .... si longtemps. (attendre)

c. Il aurait aimé que son fils .... en France. (naître)

d. Je ne crois pas qu'elle .... (revenir)

e. Mon frère craint que Julie ne .... jalouse. (devenir)

f. Il faut que j'............... cet article pour demain. (traduire)

g. Mes parents exigent que nous .... avant minuit. (rentrer)

h. Je ne crois pas que tu .... impoli avec Alain. (être)

i. On ne pense pas qu'il .... (survivre)

j. Je ne voudrais pas que tu .... ce travail pour rien. (faire)

151 Subjonctif présent ou subjonctif passé. Conjuguez les verbes entre parenthèses (deux réponses sont parfois possibles).

✓ Exemples : Je souhaite qu'elle **réussisse** le concours cette année. (réussir)

Nous sommes contents qu'elle **ait réussi** cet examen qui était difficile. (réussir)

a. Il est possible qu'elle te .... visite le mois prochain. (rendre)

b. Ils devraient être là depuis longtemps ! Pourvu qu'ils .... un accident. (ne pas avoir)

c. Nous ne pensons pas qu'il .... beaucoup en voyant ce film. (rire)

d. Il est important qu'ils .... ce match demain. (gagner)

e. Pourquoi faut-il que tu .... maintenant ? (partir)

f. Faites demi-tour, je ne crois pas que nous .... la bonne route. (prendre)

g. Je vous conseille de rester, il vaut mieux que vous .... présent. (être)

h. Il y a eu beaucoup de licenciements ; tu ne crains pas qu'ils .... ton collègue à la porte ? (mettre)

i. Vivement que vous .... votre traitement ! (finir)

j. Il faut toujours qu'elle .... de ce qui ne la regarde pas. (se mêler)

152 Faites un commentaire sur chacune des situations suivantes en utilisant le subjonctif passé.

✓ Exemple : Vous fêtez votre anniversaire, votre meilleur ami est absent.
♦ Je regrette que Michel n'ait pas pu venir.

a. Je suis partie à l'étranger ; tu m'as écrit régulièrement.
J'apprécie que ....

b. C'est la première fois qu'elle voyait ce journaliste et pourtant il l'a tutoyée.
Elle s'étonne qu'..

c. Avant-hier, tu m'as dit que tu partais et tu es resté.
   Je suis étonné que ....

d. Le film commençait cinq minutes plus tard et ils étaient dans les embouteillages.
   Ils craignaient que ....

e. Jacques ne s'est pas assez entraîné ; il n'a pas été sélectionné pour le championnat.
   Vous comprenez qu' ....

f. Tu as commis des erreurs mais tout le monde peut se tromper.
   J'accepte qu' ....

g. Les cerises que vous avez rapportées de la campagne n'étaient pas mûres.
   Vous étiez étonnés que ....

h. Elle est rentrée de chez le coiffeur et tu n'as rien remarqué.
   Elle a mal accepté que ....

i. On avait rendez-vous pour dîner ; tu es arrivé à 10 heures.
   On n'admet pas que ....

j. Elle s'ennuyait dans son service et elle a démissionné.
   Je comprends qu' ....

153 Réécrivez ces phrases exprimant l'obligation ou le souhait en employant le subjonctif passé.

✓ Exemples : J'ai dû partir avant 6 heures.
  ▸ Il fallait que je sois parti avant 6 heures.

  On espère qu'il n'a pas attendu trop longtemps.
  ▸ On souhaite qu'il n'ait pas attendu trop longtemps.

a. Ils ont dû rejoindre leurs amis avant l'embarquement.
b. Vous espérez que votre mari a reçu votre message.
c. Tu as dû dîner avant de te rendre au théâtre.
d. Nous devions prévenir nos parents avant le week-end.
e. Elle espère que nous avons eu de bonnes nouvelles des enfants.
f. Vous deviez rendre ce document avant le 15 avril.
g. J'espère qu'ils se sont retrouvés au Café de la Paix.
h. Ma mère devait organiser ce dîner avant la fin de l'année.
i. Nous devions répondre à cette lettre avant la fin du mois.
j. On espère que sa santé s'est améliorée.

B. Valeurs et emplois

154 Émettez des hypothèses passées ; suivez le modèle : Stéphane n'est pas encore là ; qu'a-t-il bien pu lui arriver ?

✓ Exemple : Il a pu être malade. ▸ Il se peut qu'il ait été malade.

a. Il a pu se tromper d'adresse.
b. Il a oublié le numéro du code de l'immeuble mais ça m'étonne.
c. S'il a pris sa voiture, il a peut-être eu des problèmes mécaniques.
d. Son directeur n'a pas d'horaires ; peut-être lui a-t-il demandé de terminer un travail !
e. Sa mère l'aura appelé à la dernière minute, mais ça m'étonnerait.
f. On lui aura volé sa voiture !
g. Je parie qu'il a rencontré un vieux copain en venant ici.
h. Il a pu changer d'avis, mais ça me surprendrait.
i. Peut-être a-t-il perdu ses clés de voiture, ce n'est pas impossible, non ?
j. À mon avis, il a tout simplement oublié notre soirée d'anniversaire.

155 Exprimez votre incrédulité en suivant le modèle.

Avez-vous déjà vu :
– une femme qui a eu trente-deux enfants ?
✓ Exemple : ▸ Je n'ai jamais vu une femme qui ait eu trente-deux enfants.

a. – un mouton qui a passé toute sa vie dans une caisse ?
b. – un boa qui a avalé un éléphant ?
c. – un crapaud qui s'est changé en prince ?
d. – des maisons qui s'envolent dans le ciel ?
e. – un tailleur qui a tué sept géants d'un seul coup ?
f. – une citrouille qu'on a transformée en carrosse ?
g. – une princesse qui a pris la forme d'un oiseau ?
h. – des graines de haricots qui ont poussé jusqu'à la lune ?
i. – des loups qui ont dévoré des grands-mères ?
j. – une poule qui a pondu des œufs en or ?

156 Fixez des délais en suivant le modèle.

✓ Exemple : Vous terminerez ce travail avant ce soir. (exiger)
▸ J'exige que vous ayez terminé ce travail avant ce soir.

a. L'avocat organisera sa défense avant le jugement.
▸ On souhaite que ....
b. L'entreprise se redressera avant le bilan de fin d'année.
▸ Le directeur veut que ....
c. On éteindra les lumières avant minuit.
▸ Le surveillant tient à ce que ....
d. Vous ferez le nécessaire avant leur arrivée à l'hôtel.
▸ L'organisateur demande que ....

e. Les députés siègeront avant la date prévue.
  ▸ Il faut que ....
f. Nous emménagerons avant le deuxième trimestre.
  ▸ Il est préférable que ....
g. Michel prendra son bain avant d'aller au lit.
  ▸ Veillez à ce que ....
h. Cette étudiante retirera son dossier avant le 15 juillet.
  ▸ Il est indispensable que ....
i. Les comptes seront vérifiés avant la fermeture du magasin.
  ▸ Le gérant recommande que ....
j. Vous rendrez cet exercice avant la fin du cours.
  ▸ Le professeur préfère que ....

157 Formulez des opinions à partir des éléments donnés en suivant l'exemple.

✓ Exemple : Le fils Vial a raté son concours d'entrée à Sciences-Po*. (ne pas admettre / M. Vial)
  ▸ M. Vial n'admet pas que son fils ait raté le concours d'entrée à Sciences-Po.

a. Son frère vient de divorcer. (ne pas comprendre / Jean-Jacques)
b. Adèle se vante d'avoir démissionné. (se plaindre / le directeur)
c. Votre cousine s'est mariée sans en avertir ses parents. (comprendre / vous)
d. Notre chien s'est fait écraser. (regretter / nous)
e. La police a laissé les cambrioleurs s'enfuir. (être fâché / le bijoutier)
f. Tu as obtenu un avancement dans ton entreprise. (être heureuse : Claire)
g. Vous avez dû fermer votre agence de voyages. (être désolé / les clients)
h. Son meilleur ami s'est acheté le bateau dont il rêvait. (se réjouir / Louise)
i. Le pouvoir d'achat des Français a baissé en 1992. (déplorer / les économistes)
j. Le prix des places de cinéma vient d'augmenter. (se plaindre / les cinéphiles)

Institut d'Études politiques de Paris

158 Soulignez les termes introduisant le subjonctif dans les phrases suivantes et dites s'ils indiquent une cause, une conséquence, une concession, un but, une hypothèse ou un élément temporel.

✓ Exemple : Nous savions qu'il était propriétaire de son studio <u>bien qu'</u>il ne nous l'ait jamais dit. (concession)

a. Ce n'est pas qu'il ait voulu mal faire mais il a gâché la journée.
b. On a préféré vous prévenir à l'avance de peur que vous ne vous déplaciez pour rien.
c. En admettant qu'il soit passé par la porte, il aurait laissé des empreintes sur la poignée.
d. Je feuilleterai un magazine en attendant que vous ne vous déplaciez pour rien.
e. Les Vallet ont mis deux heures pour rentrer chez eux, encore qu'il y ait eu peu de circulation.
f. Mercredi soir, il faisait beaucoup trop froid pour qu'on ait eu envie d'aller faire la queue devant un cinéma.

g. Leurs fruits de mer étaient bien trop frais pour qu'il ait pu attraper une hépatite.
h. J'ai trouvé le comportement d'Émilie bizarre, non qu'elle se soit mal conduite ; simplement, elle semblait étrangère à notre conversation.
i. Il aura terminé la promenade du chien avant même que tu aies trouvé tes clés.
j. Ils se sont compris sans qu'ils aient échangé la moindre parole.

159 Faites des phrases en reliant les expressions suivantes.

✓ Exemple : Pour peu qu'elle ait lu les journaux, ma mère a dû s'inquiéter.

a. Pour peu qu'elle ait lu les journaux,
b. Bien qu'il y ait eu beaucoup de monde,
c. Quoi que vous leur en ayez dit,
d. En supposant que Patrick ait eu un empêchement,
e. Sans que nous le lui ayons demandé,
f. Si intelligent que vous soyez,
g. Pourvu que le soleil ait brillé,
h. Ce n'est pas qu'il ait eu envie de dormir,
i. À moins que vous ne l'ayez déjà acheté ;
j. Avant que tu aies eu le temps de dire « ouf »

1. je vous prêterai le dernier roman de Yourcenar.
2. il nous aurait prévenus.
3. elle a commencé à nettoyer la table.
4. vous n'avez pas bien suivi la démonstration.
5. Pauline aura passé de bonnes vacances.
6. mais il s'est terriblement ennuyé.
7. nous avons visité l'exposition à Beaubourg.
8. ils ont tenu à voir cette pièce.
9. ta femme avait déjà tourné les talons.
10. ma mère a dû s'inquiéter.

160 Cochez la ou les bonnes réponses.

✓ Exemple : Bien que .... beaucoup de temps libre, nous n'avons rien lu.
  ☐ nous ayons   ☐ nous avons eu   ☒ nous ayons eu

a. Je t'assure que ça s'est passé comme ça, à moins qu'............ des histoires.
   1 ☐ on ne m'a raconté   2 ☐ on ne me raconte   3 ☐ on ne m'ait raconté
b. En attendant que les ouvriers .... notre maison, nous avons habité chez mes parents.
   1 ☐ aient terminé   2 ☐ terminent   3 ☐ ont terminé
c. À supposer qu'............ la nuit dernière, ce pot n'aurait pas éclaté pour autant.
   1 ☐ il a gelé   2 ☐ il gèle   3 ☐ il ait gelé
d. Quoique vous ...., je ne vous en voudrai jamais.
   1 ☐ fassiez   2 ☐ avez fait   3 ☐ ayez fait
e. Ce que tu as fait m'est égal pourvu que tu .... à l'heure pour le concert.
   1 ☐ arrives   2 ☐ es arrivé   3 ☐ sois arrivé
f. Brigitte a préféré leur téléphoner de peur qu'ils .... ce qu'elle attendait d'eux.
   1 ☐ n'aient pas bien compris   2 ☐ ne comprennent pas bien   3 ☐ n'ont pas bien compris
g. En admettant qu'on .... au Loto, on vous aurait annoncé immédiatement la nouvelle.
   1 ☐ gagné   2 ☐ ait gagné   3 ☐ a gagné
h. Il n'a pas fait très froid ces derniers jours encore qu'il .... de la gelée blanche hier matin.
   1 ☐ y a eu   2 ☐ y ait eu   3 ☐ y avait
i. Bien qu'ils .... longuement leur voyage, ils se sont trouvés confrontés à des difficultés.
   1 ☐ ont préparé   2 ☐ aient préparé   3 ☐ préparent
j. À moins que tu .... seule, je ne crois pas être allé dans ce restaurant avec toi.
   1 ☐ n'y as déjeuné   2 ☐ n'y déjeunes   3 ☐ n'y aies déjeuné

161 *Mettez les verbes entre parenthèses au subjonctif passé.*

Hélène chérie,

Ta lettre m'a beaucoup étonnée ; que tu (ne pas être) .... heureuse avec Maurice ces dernières années ne me surprend pas vraiment. Je ne pense pas que de son côté il (trouver) .... en toi une épouse idéale bien que tu (affirmer) .... faire de ton mieux. En admettant que tu (essayer) .... réellement de faire des efforts, il me semble que tu aurais pu rester plus souvent avec lui. Sans qu'il ne (se plaindre) .... jamais, je sais qu'il supportait mal tes absences répétées. Enfin, les choses sont ainsi et quoi que vous (faire) .... ou dit, vous voilà séparés. Peut-être as-tu pris cette décision un peu à la légère ! Il y a vingt ans, on ne vivait pas ainsi : en admettant qu'avec ton père, on (s'entendre mal) ...., on aurait discuté pour trouver un compromis. Bien que notre vie (être) .... toujours agréable, ne va pas croire que nous (ne pas devoir) .... y mettre chacun du nôtre.

Hélène, bien que ce soit moi qui t'(élever) .... et que je t' (donner) .... souvent raison, aujourd'hui je te désapprouve. Je suis très surprise que Maurice ne m' (téléphoner) .... pas encore mais j'espère qu'il le fera. Hélène, ma fille, ce que je souhaite avant tout c'est que tu sois heureuse.

Ta mère qui t'aime.

IX. LES PRONOMS

UN PETIT CHEZ SOI VAUT MIEUX QU'UN GRAND CHEZ LES AUTRES.

A. Les pronoms démonstratifs

162 Répondez selon le modèle.

✓ Exemple : Quelle robe veux-tu ? ♦ Celle-là.

a. Quel parfum avez-vous choisi ?
b. Quelles sont vos couleurs préférées ?
c. De quels livres parlez-vous ?
d. Quel est le numéro de téléphone de votre domicile ?
e. À quelle loi fait-il référence ?
f. Quels plats a-t-elle choisis ?
g. À quelles spécialités ont-elles goûté ?
h. Pour quel candidat pensent-ils voter ?
i. Avec quels vêtements partiras-tu ?
j. Sur quelle affaire travaille-t-il ?

163 Indiquez votre choix en utilisant : *celui, celle (s), ceux, de, du, de la*.

✓ Exemple : À un carrefour : vous allez à Mulhouse – à gauche, route de Mulhouse.
♦ Je prends celle de gauche.

a. À l'épicerie : trois bouteilles de vin - au milieu.
b. À l'hôtel : deux chambres - au fond.
c. Au parking : votre voiture - sur le devant.
d. En discothèque : deux fauteuils - à droite.
e. Au cinéma : trois places - au centre.
f. Devant la façade d'un immeuble : l'appartement - au 6e étage.
g. Au musée Picasso : la sculpture - dans le hall d'entrée.
h. Dans un magasin de vaisselle : un plat - en haut de l'étagère.
i. Dans le train : la couchette - en bas, à gauche.
j. Au grenier : la lucarne - sous le toit.

164. Complétez en employant ça, ce, c', celui, celle, ceux ou celles.

✓ Exemple : Je n'ai pas reçu votre courrier, **celui** dont vous m'avez parlé avant-hier.

a. .... est une bonne voiture, la Peugeot 405 !
b. Voici trois cartes, prends .... que tu veux.
c. Vérifiez ces opérations et retrouvez .... qui est fausse.
d. Les enfants n'écoutent pas toujours .... qu'on leur dit.
e. Les temps changent .... est certain.
f. J'ai déjà vu des choses étranges mais .... c'est vraiment incroyable.
g. Qu'est-ce que tu penses de .... ?
h. Quels sont vos projets personnels ? Je me moque de .... des autres.
i. Les horaires de travail, les syndicats parlent de .... à longueur de journées.
j. Elle aime les villages du Lubéron mais que pense-t-elle de .... où vous avez passé vos dernières vacances ?

165. Complétez les phrases suivantes avec : ce, celui, celle, ceux, celles / qui, que, où, dont.

✓ Exemple : La meilleure route, c'est **celle qui** passe par Bruxelles.

a. Ce roman est sûrement bon mais je préfère .... vient de paraître.
b. Le directeur a retenu un projet, ... il avait entendu parler pendant la dernière réunion.
c. .... me surprend le plus dans cette affaire, c'est le manque de preuves.
d. Parmi les chanteurs français, ... plaît le plus aux jeunes est peut-être Francis Cabrel.
e. Des provinces françaises .... a le plus de charme est à mon avis la Bretagne.
f. Pour l'exposition des œuvres de Matisse, on n'a sélectionné que .... le peintre était le plus satisfait.
g. Le crémier m'a conseillé ce choix de fromages ; .... j'avais choisis n'étaient pas affinés.
h. La nouvelle bibliothèque de Montpellier est entièrement informatisée ; .... on empruntait nos livres il y a quelques années a été démolie.
i. Il y a beaucoup de festivals l'été en France ; .... ont lieu dans le Sud comme à Avignon, Aix ou Arles attirent le public le plus nombreux.
j. Des villes de la Côte d'Azur, Cannes et Nice sont probablement .... les touristes viennent en plus grand nombre.

166 À partir des éléments suivants, faites des phrases en utilisant celle, celui qui / que / où / dont.

• Eurodisney est un parc d'attractions. Il se trouve en banlieue est de Paris. Beaucoup d'étrangers s'y rendent. Les enfants en rêvent.

✓ Exemple : ▶ Ce parc, c'est **celui qui** se trouve en banlieue est de Paris.

a. C'est celui dont ....
b. C'est celui où ....

• François Mitterrand est le président français qui est resté le plus longtemps au pouvoir. Les Français l'ont surnommé « Tonton ». Son premier slogan électoral annonçait « la force tranquille ».

Ce président,
c. c'est celui que ....
d. c'est celui dont ....
e. c'est celui qui ....

• Saint-Paul-de-Vence est un village médiéval. Il se trouve dans l'arrière-pays niçois. À Saint-Paul, la fondation Maeght expose des œuvres d'art contemporain. Les artistes fréquentent ce village.

Ce village,
f. c'est celui où ....
g. c'est celui que ....
h. c'est celui qui ....

« Ker Jacques » est une vieille demeure. Elle a été vendue récemment. L'association des monuments historiques envisage de la restaurer.

Cette demeure,
i. c'est celle que ....
j. c'est celle qui ....

B. Les pronoms possessifs

167 Complétez par le pronom qui convient : *le mien, la mienne, les miens, les tiennes*, etc.

✓ Exemple : J'ai oublié mon stylo ; tu me prêtes **le tien** ?

a. Notre Renault est déjà ancienne mais vous venez d'en acheter une neuve ; expliquez-moi les nouveautés de ....
b. Montre-moi tes skis ; .... sont anciens et j'en voudrais d'autres.
c. Les voisins rentrent tout juste de vacances. .... sont déjà loin, nous sommes partis en mai dernier.
d. « – Julien, donne-moi d'abord ton adresse et ensuite celle de Nicolas. « – ...., c'est 25, rue Jules Guesde à Clichy et ...., c'est 3, impasse d'Iéna à Asnières. »
e. Au musée Picasso, on a admiré quelques œuvres de Paul Klee mais pas celles des Delaunay. Où peut-on voir .... ?

f. Annie Ernaux a écrit plusieurs romans. .... se vendent bien mieux que ceux de Nina Bouraoui.

g. Vous pouvez comparer les résultats de Jacques et d'Émilie : ceux de Jacques me semblent moyens mais quant à Émilie .... sont nettement supérieurs.

h. Occupez-vous davantage de vos affaires ; ils s'occuperont des .... et moi des .... !

i. Vous pouvez utiliser ma machine à traitement de texte tant que .... est en panne.

j. Votre maison a beaucoup de charme mais je préfère .... : c'est notre maison de famille.

168 Répondez en suivant le modèle.

✓ Exemple : Ces dossiers sont à toi ? (non / Paul)
▸ Non, ce sont *les siens*.

a. C'est votre train qu'on annonce ? (oui)
b. Ce livre est-il à vous ? (non / Catherine)
c. Cette voiture, elle est à vous ? (non / mes parents)
d. C'est le tour de Michel ? (oui)
e. Ce sont les résultats des enfants ? (oui)
f. Ce sont les casiers des professeurs de mathématiques ? (non / les professeurs de français)
g. C'est ta nouvelle photocopieuse ? (oui)
h. Ce sont les lettres de Charlotte ? (non / moi)
i. J'ai vérifié mes opérations, et toi ? (oui)
j. Vous avez emmené nos enfants au cinéma ? (non / nos enfants)

169 Aidez à remettre de l'ordre dans cette caisse en utilisant des pronoms possessifs ; chacun doit y retrouver ses affaires.

✓ Exemple : Cette paire de patins à roulettes est à Lucie ?
▸ Oui, c'est *la sienne*.

a. Ces lunettes de soleil appartiennent à Patrice ?
b. Ce jean n'est pas à Dominique ?
c. Ce n'est pas le sweat-shirt de Marie ?
d. Ces chaussures de sport appartiennent à Pauline ?
e. Et ce T-shirt, il n'est pas à Joseph ?
f. Ce baladeur n'est-ce pas celui d'Antoine ?
g. Je crois que c'est la montre de Nicolas, non ?
h. Et ces magazines, ils ne sont pas à Jacqueline ?
i. Cette casquette n'appartient-elle pas à Jean-Marc ?
j. Ce ne sont pas vos billets de train ?

C. Les pronoms interrogatifs

170 Soulignez les pronoms interrogatifs.

✓ Exemple : <u>Que</u> faire par un temps pareil ?

a. Il m'a dit que sa femme était en vacances.
b. Je me demande <u>qui</u> a bien pu téléphoner à cette heure matinale.
c. Je ne crois pas que tous les Français s'intéressent aux élections.
d. <u>Que</u> dire de plus ?
e. Regarde cette jeune femme qui porte des lunettes noires ; c'est Sophie Marceau.
f. Que voulez-vous qu'il fasse !
g. Que c'est beau une ville la nuit !
h. Un chanteur que j'aime bien ? Julien Clerc.
i. Il se demande encore <u>qui</u> lui a dit « bonjour » ce matin.
j. Il n'a pas compris <u>qui</u> était cette jolie femme.

171 Complétez ce questionnaire avec *que*, *qu'*, *qui* ou *quoi*, précédé d'une préposition si nécessaire.

✓ Exemple : ***Que*** faites-vous dans la vie ?

a. .... vous occupez-vous chez vous, de la cuisine, du ménage ?
b. .... vivez-vous : femme, enfants, parents, amis ?
c. .... pensez-vous lorsque vous êtes en week-end : au travail, à la famille, à votre avenir, à vos loisirs ?
d. .... passez-vous vos vacances : la famille, les amis… ?
e. .... vous sentez-vous bon : en sports, en arts, en activités manuelles ?
f. .... êtes-vous inquiété : le chômage, le sida, la solitude… ?
g. .... recherchez-vous : l'argent, l'amitié, l'amour, le pouvoir ?
h. .... vous intéressez-vous : aux stars, aux hommes politiques, aux personnalités scientifiques… ?
i. .... souhaitez-vous faire dans les dix années à venir ?
j. .... avez-vous à ajouter ?

172 Reformulez ces questions en utilisant *auquel*, *lequel*, *duquel* à la forme qui convient. Testez en même temps vos connaissances sur les médias français.

✓ Exemple : Des six chaînes françaises, quelles chaînes dépendent du secteur public ?
   ▶ Lesquelles des six chaînes dépendent du secteur public ?
   ▶ Des six chaînes françaises, certaines dépendent du secteur public, lesquelles ?

a. À quelles émissions les téléspectateurs sont-ils le plus fidèles ?
b. Parmi les quotidiens français, quel est celui qui a le plus fort tirage ?
c. Quelle radio dépend du secteur public ?
d. « 7 d'or » ou « César » : quel prix récompense les œuvres télévisées ?
e. À quels journaux télévisés accorde-t-on le plus de confiance : ceux de TF1 ou de M6 ?

f. Un journaliste célèbre commente les grands événements : Léon Zitrone ou Philippe Douroux ?

g. Un organe télévisuel a disparu début 1992 ; s'agit-il de M6 ou de La 5 ?

h. À quel magazine télé les Français se réfèrent-ils le plus souvent : *Télé poche* ou *Télé 7 jours* ?

i. De quel parti politique émane *L'Humanité* : du parti communiste ou du parti socialiste ?

j. Entre *Elle* et *Femme actuelle*, quel est le magazine féminin le plus lu ?

Réponses
Exemple. France 2, France 3 et Arte   a. les sports, le journal et les films   b. *Ouest-France*
c. France-Inter   d. le 7 d'or   e. TF1   f. Léon Zitrone   g. La 5   h. *Télé 7 jours*   i. Le parti communiste   j. *Femme actuelle*.

173 Organisez un questionnaire sur les fêtes françaises. Posez des questions portant sur les mots soulignés ou sur les choix proposés.

✓ Exemple : Pâques, Toussaint, Saint-Sylvestre : une de ces fêtes n'est pas religieuse.
▸ Laquelle de ces trois fêtes n'est pas religieuse ?

a. Le 8 Mai, on commémore la fin de la guerre de 39/45.

b. Quelle fleur porte-t-on sur les tombes le jour de Toussaint : la rose ou le chrysanthème ?

c. Voici trois plantes : le gui, le sapin et le muguet. L'une d'elles symbolise la Saint-Sylvestre.

d. Cadeau, champagne, cloche : deux de ces images évoquent Noël.

e. Le 14 Juillet, le 11 Novembre, la Pentecôte : deux de ces fêtes sont historiques.

f. Lorsque Pâques approche, les enfants guettent les cloches.

g. Une de ces deux fêtes tombe toujours un dimanche : la Pentecôte ou le 15 Août ?

h. La Toussaint, la Pentecôte, l'Ascension, une de ces trois fêtes est agrémentée d'une semaine de vacances.

i. Au moins deux lundis sont fériés chaque année.

j. Saint-Jean, Saint-Pierre, Saint-Nicolas, un de ces saints est très attendu par les enfants du nord-est de la France.

Réponses au questionnaire : Exemple Saint-Sylvestre   b. le chrysanthème   c. le gui
d. cadeau et champagne   e. le 14 Juillet et le 11 Novembre   g. la Pentecôte
h. la Toussaint   i. Pâques et Pentecôte   j. Saint-Nicolas.

Posez les questions correspondant aux mots ou groupes de mots soulignés ou complétez en utilisant *qui, que, lequel, ..., auquel, ..., duquel, ...,* et *quoi* précédés d'une préposition si c'est nécessaire.

✓ Exemples : L'Europe parle du traité de Maastricht. ▸ De quoi parle l'Europe ?

Lors du traité de Rome (1957), deux nouvelles organisations ont été créées, lesquelles ?

a. Le Danemark a voté «non» lors du référendum.

b. Le Conseil de la CEE siège dans une de ces deux villes, Bruxelles ou Londres ; .... siège-t-il ?

c. Jean Monnet peut être considéré comme le père de la CEE.

d. La création de la CEE remonte à 1957 ou 1958 .... de ces deux dates remonte-t-elle ?
e. À partir de janvier 1985, le passeport européen est introduit dans les pays membres, ... ?
f. Deux de ces pays sont entrés en 1986 dans la CEE, ... ?
g. Neuf tendances politiques sont représentées au Parlement européen : .... s'agit-il ?
h. Le rapport annuel est édité dans un journal, ... ?
i. La CEE est particulièrement attachée à certaines questions économiques, ... ?
j. Le Parlement contrôle la Commission européenne et le Conseil européen.

Réponses. Exemple L'Euratom et la CEE   b. Bruxelles   d. 1957   e. le Luxembourg, la France, l'Allemagne, la Belgique, les Pays-Bas, l'Italie (1958), la Grande-Bretagne, l'Irlande, le Danemark (1973), la Grèce (1981), puis l'Espagne et le Portugal (1986)   h. *Le Journal Officiel de la Communauté*   i. l'agriculture et le système monétaire.

D. Les pronoms indéfinis

175 Relevez dans chaque phrase le pronom indéfini.

✓ Exemple : ***Chacun*** voit midi à sa porte.

a. Dans le métro, on est les uns sur les autres.
b. Quiconque sortira l'épée de cette enclume sera couronné roi d'Angleterre.
c. L'Esterel compte encore beaucoup d'hectares boisés même si quelques-uns ont brûlé ces dernières années.
d. Tout est affaire de confiance dans l'amitié.
e. Les lycéens préparent activement leur bac tout en sachant que certains ne l'obtiendront pas.
f. Votre manteau lui a tellement plu qu'elle s'est acheté le même.
g. Ce coup-ci tu as raté la balle, mais tu rattraperas l'autre, que je t'envoie maintenant.
h. Quelqu'un m'a dit que nous passerions d'excellentes vacances à la Baule.
i. Il n'y a rien d'étonnant à cela : n'importe qui pourrait en faire autant.
j. La majorité des Français est catholique et certains pratiquent d'autres religions.

176 Complétez ce texte en employant *certain(s), plusieurs, tous, aucun, chacun, quelques-uns* (plusieurs réponses sont parfois possibles).

✓ Exemple : Parmi les électeurs français, ***tous*** sont âgés de plus de 18 ans.

a. Aux dernières élections, il y a eu un taux de participation de 70 % ; dans l'ensemble, ils ont rempli leur devoir civique mais .... se sont abstenus.
b. Au référendum de 1992, les vingt arrondissements parisiens ont voté « oui » au traité de Maastricht. .... y étaient favorables.
c. Dans l'ensemble, les bulletins de vote ont pu être validés ; néanmoins, ... ont dû être annulés, environ 4 %.

d. Dans une démocratie, ... est libre de dire ce qu'il pense.

e. Le président Mitterrand s'est adressé à tous les Français le soir des élections mais .... n'étaient pas d'accord avec lui.

f. Parmi les chefs de file de l'opposition, ... ont appelé à voter «non».

g. Des pays européens, ... ont suivi le déroulement du référendum avec grand intérêt.

h. En effet, ... ne souhaitait l'abandon des Français.

i. Parmi les cadres et les employés, presque .... ont voté «oui».

j. Les leaders des grandes formations politiques se sentaient concernés par ces élections : .... n'y est resté insensible.

177 Surenchérissez en employant un pronom indéfini (plusieurs réponses sont parfois possibles).

✓ Exemple : J'ai lu quelques bons articles sur le Tour de France.
▶ Quelques-uns étaient bons.

a. Le footballeur Jean Fernandez n'a pas accepté de proposition ; .... ne lui convenait vraiment.

b. Parmi les exposants à la Foire à la brocante de Paris, 90 % sont des professionnels ; .... sont des collectionneurs.

c. Aux Puces de Vanves, on trouve de ...., du bibelot au meuble en passant par les fripes et les livres.

d. Toutes les régions de l'ouest de la France sont aujourd'hui sous la pluie, absolument ....

e. Les agriculteurs du Midi, ... sans exception, se plaignent de la politique agricole.

f. Parmi les grandes villes françaises, ... n'est opposée à l'Europe.

g. Chaque année, les bizuts des grandes écoles serrent les dents : .... surmonte comme il peut des épreuves souvent humiliantes.

h. Un gendarme a été tué dans un village corse ; .... des villageois n'a remarqué quoi que ce soit d'anormal et on a retrouvé le corps le lendemain matin.

i. La grève des gardiens de prison se poursuit ; .... sont d'accord pour durcir le mouvement.

j. Depuis Mendès-France, chaque enfant boit du lait à l'école. Aujourd'hui, un pack de lait est remis à ....

178 Faites un commentaire en employant *rien*, *personne*, *quelque chose*, *quelqu'un*.

✓ Exemple : Il m'a raconté une histoire incompréhensible.
▶ Je n'ai **rien** compris à l'histoire qu'il m'a racontée.

a. Dans cette cité de banlieue, il n'y a ni théâtre, ni cinéma, ni piscine. Que faire ?

b. Le compartiment était absolument désert jusqu'au terminus.

c. Ce quartier de la ville est calme. On y dort bien.

d. L'électricien a dû venir : il y a eu un court-circuit et on n'a pas osé remettre les appareils en marche.

e. C'est étrange, Jacqueline est très en retard. Je me demande ce qui lui est arrivé.
f. Les cambrioleurs sont entrés par le balcon, mais les voisins n'ont pas noté quoi que ce soit d'anormal.
g. Toute la famille était réunie ; il ne manquait que son oncle.
h. Arrêtez de parler ; il y a du bruit au rez-de-chaussée !
i. Pas un Français ne souhaite être vieux, malade et pauvre.
j. Dimanche soir, sur l'autoroute, on a roulé sans problème ; on était seuls sur la route.

179 Voilà un malade peu contrariant ! Faites-le répondre en utilisant *n'importe qui, n'importe quoi, n'importe lequel, (laquelle, lesquels, lesquelles), n'importe quand*. (Plusieurs réponses sont parfois possibles).

✓ Exemple : Quel jour préférez-vous rencontrer le Dr Carpentier ?
▸ N'importe lequel.

a. Quelle heure vous arrange le mieux ?
b. Que faites-vous en cas de douleur aiguë ?
c. Quel médicament prenez-vous habituellement ?
d. À quel moment la douleur se fait-elle le plus souvent sentir ?
e. Qui dans votre entourage serait susceptible de vous faire des injections ?
f. Dans quel hôpital souhaitez-vous être soigné ?
g. Par quel moyen vous rendrez-vous à l'hôpital ?
h. Quelles dates vous conviendraient le mieux ?
i. Auquel de ces deux numéros peut-on vous joindre ?
j. Puis-je me permettre une dernière question, qu'allez-vous faire en sortant d'ici ?

180 Complétez par *qui que, quoi que, où que*.

✓ Exemple : ***Qui que*** vous soyez, je refuse de vous ouvrir la porte.

a. .... il fasse, ça ne va jamais.
b. .... elles aillent, elles sont toujours émerveillées.
c. .... tu dises, tu auras toujours raison.
d. D'............... souffle le vent, on pourra quitter le port.
e. .... tu invites, je l'accueillerai avec plaisir.
f. Le chauffeur ne nous a pas demandé .... ce soit mais on a bien compris qu'il attendait un pourboire.
g. La route sera bonne par .... vous passiez.
h. .... vous apportiez, Angèle sera très heureuse de vous recevoir.
i. Tu fais tout le temps des fautes d'orthographe, à .... tu écrives.
j. On viendra vous dépanner .... vous vous trouviez.

181

Rédigez un commentaire à partir de ces données concernant l'équipement de loisirs des Français en 1981 et 1988. Utilisez les pronoms indéfinis donnés entre parenthèses.

	1981	1988	
✓ Exemple : téléviseur couleur	93	96	(tous)
a. camescope	–	2	(aucun)
b. magnétoscope	2	25	(peu)
c. baladeur	–	32	(aucun)
d. chaîne hifi	29	56	(la moitié)
e. disques compacts	–	11	(quelques-uns)
f. appareil photo	78	83	(la plupart)
g. instrument de musique	37	40	(beaucoup)
h. électrophone	53	31	(certains)
i. magnétophone-cassette	54	40	(la moitié)
j. cassettes sonores	54	70	(la majorité)

✓ Exemple : ▸ **En 1988, presque tous ont un téléviseur couleur.**

a. En 1981, ...
b. ....
c. ....
d. ....
e. ....
f. ....
g. ....
h. ....
i. ....
j. ....

182

Imaginez une suite en employant *le/la/les même(s)* ou *un/une/ d'/les autre(s)* et les verbes entre parenthèses.

✓ Exemple : Catherine adorait la robe de Sophie. (acheter)
▸ Elle s'est acheté **la même**.

a. Pierre n'aime pas ce modèle de scooter. (choisir)
b. Le vendeur n'avait plus le même rouge. (proposer)
c. C'est un égoïste, il ne s'intéresse qu'à lui. (ignorer)
d. Ma mère avait perdu le bracelet qu'elle aimait beaucoup. (commander)
e. Ces fleurs ne sont plus très fraîches. (cueillir)
f. Ne range pas les passeports dans ce tiroir. (mettre)
g. Tu as déménagé mais tu as conservé ton numéro de téléphone. (garder)
h. Jeanne est très changeante. (ne jamais être)
i. N'utilise pas ce stylo, il ne marche pas bien. (se servir)
j. Ma sœur aimait tellement nos fauteuils ! (s'offrir)

BILAN

183 *Rayez le pronom qui ne convient pas.*

Jean-Louis — Tu ne sais pas la meilleure ?

Joseph — Non, raconte-moi (ce que/ce qui) t'arrive encore !

Jean-Louis — Hier soir, j'avais garé ma voiture dans la rue et ce matin, quand j'ai voulu ouvrir ma portière, impossible !

Joseph — Alors tu t'es trompé de voiture, ce n'était pas la (tienne/la leur).

Jean-Louis — Attends un peu ; mais (qui que/quoi que) je fasse, tu me prends toujours pour un imbécile. C'est agaçant !

Joseph — Mais non, allez continue.

Jean-Louis — Donc, ce n'était effectivement pas (la mienne/la tienne) mais (la même/une autre) qui se trouvait exactement là où je l'avais garée.

Joseph — Allons, ton histoire n'est pas logique ; (quelqu'un/quiconque) gare sa voiture à un certain endroit le soir est assuré de la retrouver le lendemain. Enfin, je t'écoute.

Jean-Louis — Alors, j'ai fait le tour du quartier et dans une rue voisine, j'ai retrouvé ma voiture, portières déverrouillées.

Joseph — (Ce qui/ce que) tu me racontes me semble tout à fait invraisemblable. Je n'y comprends (quelque chose/rien). Mais, en fait, ça ne me surprend qu'à moitié. (Quoi que/où que) tu ailles, il t'arrive toujours des histoires impossibles ; je te laisse finir ton histoire, elle m'amuse !

Essayez de trouver une explication à ce récit farfelu.

X. LE FUTUR ANTÉRIEUR

Où NOUS AURONS DÎNÉ, NOUS SOUPERONS.

A. Forme

184 Passez du futur simple au futur antérieur.

✓ Exemple : Tu partiras. ▶ Tu seras parti.

a. Il fera.
b. Nous reviendrons.
c. Je sortirai.
d. Vous irez.
e. Tu deviendras.
f. On comprendra.
g. Vous terminerez.
h. Elles verront.
i. J'aurai.
j. Vous lirez.

185 Passez du présent au futur antérieur.

✓ Exemple : Nous écrivons. ▶ Nous aurons écrit.

a. Je suis.
b. Il peint.
c. Nous prenons.
d. Vous buvez.
e. J'étudie.
f. Tu sais.
g. Elles se promènent.
h. Je finis.
i. Nous connaissons.
j. On établit.

186 Écrivez le verbe entre parenthèses au futur antérieur.

✓ Exemple : Il est 22 heures, ils *se seront endormis*. (s'endormir)

a. Quand tu .... ta toilette, tu me le diras. (finir)
b. À 8 heures, vous .... déjà .... travailler. (partir)
c. Elle me tapera cette lettre lorsqu'elle .... de la cafétéria. (rentrer)
d. Je vous appellerai une fois qu'on .... les résultats. (obtenir)
e. Quand ils rentreront chez eux, leurs enfants .... leurs devoirs. (faire)
f. Si tu vas la chercher à 20 heures, elle .... le temps de se préparer. (avoir)
g. À 8 h 30, on .... le journal télévisé. (rater)
h. Si on arrive au Rex à 21 h 30, la séance .... déjà .... (commencer)
i. Lorsque vous .... le lit, vous devrez ranger la chambre. (faire)
j. Nos amis ne sont pas arrivés à l'heure ; ils .... notre rendez-vous. (oublier)

187 Retrouvez les verbes au futur antérieur et marquez-les d'une croix.

✓ Exemple : Nous serions arrivés plus tôt sans ces embouteillages ! ( )
Vous aurez pris le train de midi ? (*X*)

a. Pierre sera reçu à Annecy ? ( )
b. Vous serez parti avant mon arrivée ? ( )
c. Quand je te reverrai, tu seras devenu un vrai jeune homme ! ( )
d. J'espère qu'il se sera excusé avant de s'absenter. ( )
e. Il serait sorti avec Lucie s'il avait su qu'elle était seule. ( )
f. Nous serons convoqués pour passer une visite médicale. ( )
g. Elles se seront donné le mot ! ( )
h. Les enfants se seront fait consoler avant le départ du car. ( )
i. Vous serez invités au vin d'honneur. ( )
j. On sera fatigué à la fin du déménagement. ( )

B. Valeurs et emplois

188 Indiquez s'il s'agit d'un fait antérieur à un autre (A), d'une supposition (S) ou d'une certitude (C).

✓ Exemple : Dans trois ans, Antoine aura fini ses études. (C)

a. Dès qu'il aura lu cet article, il voudra voir ce film.
b. Sophie ne sait pas sa leçon, elle l'aura mal apprise.
c. Il est midi ; les employés seront tous partis déjeuner.
d. À la fin de l'année, Frédéric aura terminé son service national.
e. D'ici une semaine, votre commande vous aura été livrée.
f. Je pense que dans trois jours, nous aurons reçu des nouvelles de Nicolas.
g. Lorsque Mme Arnoud rentrera, son mari aura préparé le dîner.
h. Aussitôt qu'elle aura enlevé son manteau, ils se mettront à table.
i. D'ici quelques mois, on aura voté pour les élections législatives.
j. Il a perdu ses clés ; il les aura encore laissées à son bureau.

189 Indiquez l'ordre chronologique des actions.

✓ Exemple : Tu m'appelleras (2) quand tu seras arrivé. (1)

a. Dès que j'aurai reçu ( ) les résultats, je te les transmettrai ( ).
b. Tu me préviens ( ) quand tu auras fini ( ).
c. Je partirai ( ) aussitôt que nous aurons trouvé ( ) une solution.
d. Quand tu reviendras ( ), les prix auront beaucoup augmenté. ( )
e. On en reparlera ( ) dès que vous aurez vérifié les comptes ( ).
f. Quand tu l'auras vu ( ), tu comprendras ( ).

g. Ils partiront ( ) faire le tour du monde dès qu'ils auront terminé ( ) leurs études.
h. Elle te parlera ( ) lorsque tu te seras excusé ( ).
i. Quand j'aurai trouvé ( ) un meilleur emploi, je changerai ( ) de voiture.
j. Dès que grand-père aura pris ( ) sa retraite, ils retourneront ( ) vivre à la campagne.

190 Faites des phrases indiquant que l'action 1 s'est déroulée avant l'action 2.

✓ Exemples : 1 - fermer la porte 2- se sentir en vacances (sitôt que - nous)
▸ Sitôt que nous aurons fermé la porte, nous nous sentirons en vacances.

2- sauter dans le taxi 1- retenir un taxi par téléphone (nous)
▸ Nous sauterons dans le taxi que nous aurons retenu par téléphone.

a. 2- retirer les billets d'avion 1- réserver ces billets à l'avance. (nous)
b. 1- faire enregistrer les bagages 2- être plus libres de nos mouvements. (dès que - nous)
c. 2- aller faire quelques achats 1- passer la douane (aussitôt - je)
d. 2- s'asseoir dans la salle d'attente 1- faire un tour dans l'aéroport. (avant de - on)
e. 1- annoncer le vol 2- présenter sa carte d'embarquement (dès que - nous)
f. 1- s'installer dans l'avion 2- attendre le décollage (à partir du moment où - on)
g. 2- présenter les consignes de sécurité 1- vérifier les ceintures des passagers (quand - l'hôtesse)
h. 1- l'avion décolle 2- souhaiter la bienvenue aux passagers (aussitôt que - le commandant de bord)
i. 2- atterrir à Djerba 1- voyager 2 h 15 min (lorsque - nous)
j. 1- sortir de l'aéroport 2- être attendu par l'équipe du club (dès que - on)

191 Léna arrive à Paris. Donnez-lui des conseils. Réécrivez des phrases en suivant le modèle.

✓ Exemple : D'abord tu arriveras à la gare du Nord ; ensuite, tu chercheras un hôtel.
▸ Quand tu seras arrivée à la gare du Nord, tu chercheras un hôtel.

a. Tu trouveras un hôtel puis tu te rendras à l'office du tourisme.
b. Les hôtesses te remettront des brochures touristiques ; ensuite tu les consulteras.
c. D'abord tu liras ces documents ; ensuite tu iras acheter un carnet de tickets de métro.
d. Après avoir rempli toutes ces formalités, tu organiseras ta semaine à Paris.
e. D'abord, tu t'occuperas de tes obligations professionnelles, à la suite de quoi tu pourras téléphoner à Lucie ; elle sera sûrement ravie de te guider.
f. Ensuite, tu visiteras le Louvre, Notre-Dame, le musée d'Orsay, puis tu te promèneras dans le vieux Paris.
g. Après avoir découvert le Paris traditionnel, Lucie va probablement t'emmener dans les cafés, les cabarets.
h. Avant de partir, elle te montrera tous les endroits branchés.
i. Mais ne quitte Paris qu'après avoir fait les vitrines de la place des Victoires : c'est là le nouveau centre de la mode.
j. Après ton départ, tu n'auras qu'une envie : y retourner le plus vite possible.

192 Terminez les phrases suivantes (utilisez le futur antérieur).

✓ Exemple : Tu regarderas la télé quand tu auras terminé tes devoirs.

a. Je te le dirai aussitôt que ....
b. On partira quand ....
c. Vous recevrez cet argent dès que ....
d. Tu arroseras les plantes lorsque ....
e. Nous prendrons l'avion sitôt que ....
f. Vous signerez ce contrat dès que ....
g. Christine vendra sa maison quand ....
h. On te le prêtera sitôt que ....
i. Cyrano entrera en scène quand ....
j. Vous enverrez cette lettre aussitôt que ....

193 Exprimez l'antériorité dans le futur ; complétez les phrases suivantes en mettant les verbes entre parenthèses au subjonctif présent, au futur simple ou au futur antérieur.

✓ Exemples : Nous lui .... (écrire) avant qu'il .... (arriver).
▸ Nous lui aurons écrit avant qu'il n'arrive.

Dès que vous m'............... (envoyer) la facture, je vous .... (adresser) un chèque.
▸ Dès que vous m'aurez envoyé la facture, je vous adresserai un chèque.

a. Nous vous .... (téléphoner) dès que nous .... (arriver) à Ajaccio.
b. L'infirmière la .... (prévenir) aussitôt que son fils .... (sortir) de la salle d'opération.
c. Avant qu'elle .... (se faire) du souci, tu .... (appeler) ta tante.
d. Lorsque l'Europe .... (être) construite, l'esprit nationaliste .... (tendre) à disparaître.
e. Ils .... (devoir) nous laisser leurs coordonnées avant qu'ils .... (partir).
f. Dès qu'elle .... (signer) son bail, elle .... (emménager).
g. Sitôt que la neige .... (cesser), nous .... (reprendre) la route.
h. On les .... (prévenir) avant qu'ils .... (lire) la nouvelle dans le journal.
i. M. Dubois .... (se rendre) compte de son oubli aussitôt que son avion .... (décoller) pour Genève.
j. Lorsque vous .... (rentrer) de voyage, l'école .... (reprendre) déjà.

194 Exprimez une probabilité à l'aide du futur antérieur.

✓ Exemple : Des accords ont probablement été signés entre les deux chefs d'État.
▶ Des accords **auront été signés** entre les deux chefs d'État.

a. On suppose que les syndicats des camionneurs ont obtenu satisfaction dans leurs revendications.
b. Il se peut que le président Mitterrand ait été opéré d'une tumeur.
c. L'inondation de Vaison-la-Romaine a sans aucun doute été occasionnée par des orages violents.
d. On suppose que la rivière a débordé en quelques heures.
e. Il est probable que les résultats du référendum français ont beaucoup intéressé les autres citoyens européens.
f. La sortie du film Les Amants du Pont-Neuf a sûrement été retardée pour des raisons techniques.
g. La livre sterling a quitté quelque temps le SME* à cause de difficultés économiques, on peut l'imaginer.
h. Les touristes japonais ont peut-être boudé la France à cause des propos d'un Premier ministre.
i. Les écologistes ont appelé leurs électeurs à voter « oui » à Maastricht, tout porte à le croire.
j. La chute du mur de Berlin en 1989 est peut-être à l'origine des grands bouleversements survenus en Europe de l'Est.

* SME : serpent monétaire européen

195 Qu'aura-t-on changé d'ici à 2020 ? Faites des phrases à partir des éléments fournis.

✓ Exemple : Il n'y aura plus de transports individuels en ville. (supprimer)
▶ On **aura supprimé** les transports individuels.

a. On ne fumera plus. (cesser)
b. On ne travaillera que 30 heures hebdomadaires. (réorganiser le temps de travail)
c. Personne ne mourra plus de faim. (remédier à la faim dans le monde)
d. Le racisme n'existera plus. (disparaître)
e. Le sida ne sévira plus. (découvrir un vaccin)
f. On pourra téléphoner n'importe où en voyant son interlocuteur. (commercialiser le vidéo-téléphone)
g. Les catastrophes climatiques seront écartées. (prévoir des défenses adaptées)
h. On captera les chaînes télévisées de tous les pays. (mettre au point des programmes mondiaux)
i. Toutes les tâches ménagères seront simplifiées. (robotiser les logements)
j. Il n'y aura plus de guerres. (détruire les armes nucléaires)

196 *Transposez ce récit dans le futur.*

L'année dernière, les Lariven ont passé leurs vacances en Bretagne, ils y ont fait du bateau. En effet, Jean-Marc avait acheté un petit voilier habitable qu'il avait réparé avec grand soin. Les jours où Jacqueline, sa femme, ne voulait pas naviguer, ils allaient passer l'après-midi à la plage. Ils y retrouvaient souvent des amis qu'ils avaient rencontrés deux ans auparavant et qui, pure coïncidence, passaient leurs congés à dix kilomètres de chez eux. Les journées plus maussades étaient consacrées à des promenades dans les villages de l'intérieur. Leurs excursions s'achevaient souvent chez quelques brocanteurs avec qui ils avaient sympathisé ou encore au restaurant, Chez Angèle, dont la cuisine avait conservé les saveurs du terroir.

Dans quelques années, les Lariven passeront leurs vacances en Bretagne, ils y …

XI. LES FORMES VERBALES EN -ANT

C'EST EN FORGEANT QU'ON DEVIENT FORGERON.

A. L'adjectif verbal

197 Faites les transformations suivant le modèle (attention aux accords).

✓ Exemple : Les couleurs claires se salissent beaucoup. ▶ Elles sont salissantes.

a. Les longues marches la fatiguent. ▶ Elles sont ....
b. Votre santé nous inquiète. ▶ Elle est ....
c. Cet article intéresse les étudiants. ▶ Il est ....
d. Le Coca-Cola est une boisson qui excite. ▶ Il est ....
e. Ses enfants l'épuisent. ▶ Ils sont ....
f. Ils ont reçu une lettre qui les compromet. ▶ Elle est ....
g. Cette affaire passionne les journalistes. ▶ Elle est ....
h. Cette histoire étonne tout le monde. ▶ Elle est ....
i. Mon voisin entreprend beaucoup de choses. ▶ Il est ....
j. Elle a l'impression d'être envahie par ses amis. ▶ Ils sont ....

198 Faites l'accord s'il s'agit d'un adjectif verbal.

✓ Exemples : Elle cherche des arbustes à feuilles persistant**es**.
Adrienne, comprenant... bien l'espagnol, me traduira cette lettre.

a. Ma journée de travail se terminant... à 17 heures, je peux te retrouver chez toi à 17 heures 30.
b. Je vous déconseille les activités trop fatigant....
c. Leurs expériences de biologie sont très intéressant....
d. Émilie se fatiguant... très vite, elle ne participera pas à la compétition.
e. Voir une étoile filant... fait toujours plaisir.
f. Christine, montant... l'escalier à toute allure, a manqué la dernière marche.
g. Cette histoire est très amusant... ; raconte-la à Philippe.
h. Brigitte, s'amusant... dans la grange, a trouvé un petit chat.
i. Cette peinture est très vivant..., tu ne trouves pas ?
j. Pourquoi mets-tu des chaussures montant... en plein été ?

199 Cochez le mot qui manque.

✓ Exemple : Cette année, le président de la République a trouvé sa tournée africaine ....
☐ épuisant   ☐ épuisantes   ☒ épuisante

a. Une fois de plus, le résultat des sondages a été ....
  1 ☐ concluant.   ☐ concluantes.   ☐ concluants.

b. Les sacrifices consentis par le gouvernement pour lutter contre le chômage n'ont pas été ....
  1 ☐ gratifiantes.   2 ☐ gratifiants.   3 ☐ gratifiant.

c. Ce sont des femmes .... mais bien dans leur peau.
  1 ☐ vieillissant   2 ☐ vieillissantes   3 ☐ vieillissante

d. Ta fille est si .... que je ne comprends pas comment elle a pu avoir son bac.
  1 ☐ négligeant   2 ☐ négligeante   3 ☐ négligeantes

e. La chute du Mur de Berlin a révélé une économie ....
  1 ☐ agonisant.   2 ☐ agonisante.   3 ☐ agonisantes.

f. Depuis des années, France Inter propose en fin de matinée des émissions ....
  1 ☐ amusant.   2 ☐ amusante.   3 ☐ amusantes.

g. Les propriétaires de chiens sont .... Pourquoi ne font-ils pas attention ?
  1 ☐ agaçant   2 ☐ agaçante   3 ☐ agaçants

h. Il a reçu des nouvelles .... et a enfin pu fermer l'œil cette nuit.
  1 ☐ apaisante   2 ☐ apaisantes   3 ☐ apaisants

i. À faible dose, l'action du magnésium est .... pour l'organisme.
  1 ☐ bienfaisant   2 ☐ bienfaisante   3 ☐ bienfaisantes

j. Vous avez une sœur .... ; elle est très ....
  1 ☐ charmant   2 ☐ charmante   3 ☐ charmantes
  1 ☐ accueillante.   2 ☐ accueillantes.   3 ☐ accueillant.

200 Faites, si nécessaire, l'accord des adjectifs verbaux.

✓ Exemple : Ses arguments sont cassant**s** et ne laissent aucune chance à ses adversaires.

a. Le moins qu'on puisse dire, c'est que cette femme n'est pas causant...
b. Sans vouloir paraître complaisant..., dit-elle, je suis d'accord avec lui.
c. À ses intonations chantant..., j'ai compris qu'il était du Midi*.
d. Cet échec aura en fait valeur de cuisant... leçon.
e. J'ai bien aimé *L'homme neuronal*, le livre de J.-P. Changeux ; mais je le trouve démoralisant...
f. Que cette femme est déplaisant... Au fond, je la crois caractérielle.
g. Les États d'Amérique latine ont à supporter des dettes écrasant...
h. On dit de Patrick Bruel que c'est un chanteur électrisant...
i. Les travaux que j'ai entrepris à la maison sont épuisant...
j. On appauvrit la terre à force d'utiliser des engrais fertilisant...

* le Midi : le sud de la France

201 Transformez les phrases suivantes en employant un adjectif verbal (attention aux changements de constructions verbales).

✓ Exemple : La lecture de ce traité est trop difficile. Elle (décourage).
  ▸ La lecture de ce traité est trop difficile. Elle est **décourageante**.

a. *Lunes de fiel*, j'ai aimé ce livre parce qu'il (dérange). ....
b. La notion de classe (qui dirige) semble passée de mode. ....
c. J'étais assis en face d'elle et j'avais une vue (qui plongeait) sur son décolleté. ....
   ....
d. Cette remarque (outrageait) le public. ....
e. Le roi (qui règne) actuellement est accusé d'illégitimité. ....
f. Nous avons des avis (qui divergent) sur l'éducation des enfants. ....
   ....
g. Mais nous avons des avis (qui convergent) sur la décoration de l'appartement. ....
   ....
h. Je trouve qu'ils (négligent) leur famille en ce moment. ....
i. Pourquoi Brigitte (agace)-t-elle ses collègues ? ....
j. Savoir que j'aurai du travail l'année prochaine m'(apaise). ....

B. Le gérondif présent et passé

202 Utilisez le gérondif lorsque c'est possible.

✓ Exemples : Comme il fait très beau, nous pourrions faire une promenade sur la plage. ▸ impossible

Marie s'est cassé une dent lorsqu'elle mangeait un caramel.
▸ Marie s'est cassé une dent **en mangeant** un caramel.

a. Pendant que je t'attendais, j'ai feuilleté des revues.
   ....
b. Tu étais pris dans les embouteillages alors que je prenais tranquillement le thé avec ta sœur.
   ....
c. Il a fait d'énormes progrès en français parce qu'il a passé une année au pair à Bordeaux.
   ....
d. Elle a rencontré des personnes très intéressantes lorsqu'elle a fait son stage en entreprise.
   ....
e. Les enfants se sont réveillés pendant qu'on garait la voiture.
   ....
f. On a découvert la vérité lorsqu'on a discuté avec lui.
   ....
g. Jacques est tombé du cerisier alors qu'il installait un épouvantail.
   ....

h. Le temps a changé lorsque le vent s'est levé.

....

i. Mon frère lui a fait plaisir parce qu'il lui a écrit.

....

j. L'industrie automobile française se maintient car elle exporte de nombreux modèles vers l'étranger.

....

203 Complétez par *en* si nécessaire.

✓ Exemples : Il parle **en** mangeant.

Joseph, regardant peu la télé, connaît mal les présentateurs.

a. Il a appris beaucoup de vocabulaire .... faisant des mots croisés.
b. .... ne sachant pas que vous veniez, ils sont partis en week-end.
c. Cécile, ... sentant qu'elle n'allait pas très bien, est allée voir le médecin.
d. On a découvert la sculpture de Camille Claudel .... visitant le musée Rodin.
e. .... s'intéressant beaucoup à l'Inde, Michèle y passe deux mois cet été.
f. Il adore manger du chocolat .... jouant au Scrabble.
g. .... traversant la rue, une vieille dame s'est fait renverser par une voiture.
h. .... voulant être à l'heure, ils ont préféré prendre un taxi.
i. La conférence a été traduite en français, le conférencier .... étant espagnol.
j. Ils se sont rencontrés .... jouant au golf.

204 Indiquez si le gérondif exprime la manière (M), la simultanéité (S), la cause (Ca), ou la condition (Cond). Plusieurs valeurs sont parfois possibles.

✓ Exemple : Il sera heureux de trouver votre lettre en rentrant de voyage. (S)

a. En visitant l'Italie, il a pris goût à l'art antique.
b. C'est en arrivant de bonne heure que vous lui ferez plaisir.
c. C'est en lisant le journal que j'ai appris qu'on avait retrouvé les coupables.
d. Louise a beaucoup maigri en suivant ce régime.
e. Nous avons eu un accrochage en partant pour Deauville.
f. Pauvre femme ! Elle monte ses escaliers en peinant.
g. Marie a davantage aimé *À bout de souffle* en le voyant pour la deuxième fois.
h. Antoine a terminé ses devoirs en pleurant.
i. On a cassé un verre en essuyant la vaisselle.
j. En vous dépêchant un peu, vous aurez une chance d'attraper votre train.

205 Conjuguez l'un des deux verbes à l'indicatif et employez le gérondif pour l'autre.

✓ Exemple : Je (oublier) mes clés (partir) de chez moi.
▸ J'**ai oublié** mes clés **en partant** de chez moi.

a. Je (fumer) un paquet de cigarettes (attendre) que tu arrives.
b. Le président (consulter) les dossiers en cours (se rendre) à l'hôpital.
c. Nous (bavarder) (marcher).
d. Elle (continuer) ses études (travailler).
e. Vous (écouter), je (penser) aux jours que nous avions passés ensemble.
f. (regarder) le journal télévisé, je (comprendre) que le spectacle passait en général avant l'information.
g. (lire) les petites annonces, il (espérer) trouver une épouse idéale.
h. Brigitte me (dire) (rire) qu'elle serait problablement très en retard.
i. (intervenir) publiquement, il (lever) toute ambiguïté sur la nature de nos relations.
j. (choisir) la couleur rose, ils (être) sûrs de lui faire plaisir.

206 Mettez un des verbes entre parenthèses au gérondif et conjuguez l'autre à un temps de l'indicatif.

✓ Exemple : Un accord préalable (signer) entre les partenaires (attendre) la décision définitive de la Grande-Bretagne.
▸ Un accord préalable **a été signé** entre les partenaires **en attendant** la décision définitive de la Grande-Bretagne.

a. On dit que Napoléon (dicter) plusieurs lettres en (écrire) une autre.
b. On (ne pas résoudre) les problèmes de la famine en Afrique (faire) la charité.
c. Je (avoir) l'habitude de préparer le repas (écouter) la radio. Il faut dire que je (n'écouter) la radio que (faire) la cuisine.
d. Je (croiser) Kamel (entrer) dans le magasin.
e. (regarder) par la fenêtre, James Stewart (assister) au crime.
f. Je (détruire) mon fichier (allumer) l'ordinateur.
g. Tu (comprendre) pourquoi je (détester) ce metteur en scène (aller voir) son dernier film.
h. En général, je (ne passer) en marche arrière que (se garer).
i. (aller) à l'église chaque jour, il (penser) sauver son âme.
j. Je (obtenir) mon prix de conservatoire (interpréter) un *Nocturne* de Fauré*.

pianiste, compositeur français (1845-1924)

207 Utilisez le gérondif passé pour réécrire les phrases suivantes.

✓ Exemple : Il avait travaillé comme barman. Il avait gagné beaucoup d'argent.
▸ En ayant travaillé comme barman, il avait gagné beaucoup d'argent.

a. Parce qu'il avait décidé de faire ce métier, il s'était dit que ses parents n'accepteraient plus de le revoir.
b. Il avait quitté pour toujours son milieu après avoir poussé la porte du bar Le Sélect.
c. Il ne l'avait jamais regretté. Il avait constaté ce qu'étaient devenus ses deux frères.
d. Charles et Jacques s'étaient rendus célèbres. Ils avaient ouvert un cabinet de promotion immobilière.

e. Ils s'étaient compromis dans une histoire de trafic d'influence, ils avaient dû s'expatrier en Amérique latine.
f. Jean, lui, avait servi les mêmes clients des années durant, ne s'était fait que des amis.
g. Comme il avait vécu si longtemps à Paris, il était devenu plus parisien que lyonnais.
h. Il avait choisi de ne pas se marier, il avait aussi décidé de ne jamais avoir d'enfant.
i. Il était passé du rang de fils de notable à celui d'employé, il avait choisi de prendre sa vie à bras-le-corps.
j. Mais lorsqu'il avait été hospitalisé pour cirrhose, il s'était dit qu'il n'avait peut-être pas pris la meilleure voie.

C. Le participe présent et le participe présent passé

 Transformez les phrases suivantes en remplaçant les mots soulignés par un participe présent.

✓ Exemple : Le peintre qui expose dans cette galerie est portugais.
  ▸ Le peintre **exposant** dans cette galerie est portugais.

a. La famine qui touche cette population est la plus terrible depuis des années.
b. La distance qui permet de mieux juger les événements n'a pas encore été prise.
c. Les postes de radio qui fonctionnent à piles se vendent de mieux en mieux.
d. Les restaurants qui ferment tard sont les plus fréquentés.
e. Les personnes qui assistent à cette soirée sont conviées à un cocktail à l'issue du spectacle.
f. Tous les enfants qui souhaitent participer à l'émission doivent avoir une autorisation signée de leurs parents.
g. La plupart des immeubles qui bordent cette rue ont été construits dans les années 80.
h. Les plantes qui décorent le cabinet de mon médecin sont toutes artificielles.
i. Les quotidiens qui paraissent en France sont trop chers.
j. Les pianos qui ont des cadres en bois se vendent très bon marché.

 **Adjectif verbal ou participe présent ?
Remplacez les participes présents par une autre construction.**

✓ Exemple : Regrettant de ne pouvoir donner une réponse favorable à votre demande, nous vous prions, cher Monsieur, de recevoir nos meilleures salutations.
  ▸ Comme nous regrettons de ne pouvoir donner une réponse favorable à votre demande, nous vous prions, cher Monsieur, de recevoir nos meilleures salutations.

a. Ce travail fatiguant les employés, nous avons décidé de réduire les cadences.
b. Négligeant ses études, ce garçon n'a aucune chance d'avoir le bac.
c. Que ce type est négligent ! Pourquoi ne fait-il pas réparer sa moto ?
d. Les Français ont voté « non », croyant ainsi forcer le Président à démissionner.
e. Cet emploi est fatigant ? C'est pour ça que j'ai décidé d'en changer.
f. Elle insistait, insistait, forçant sa mère à lui céder.

g. Les installateurs ont mis en place la machine, précisant qu'elle ne pourrait pas fonctionner avant le mois d'avril.
h. Croyant en Dieu, Anne n'a pas peur de la mort.
i. J'écrivais, couvrant la page de pattes de mouches.
j. J'ai tout bu, avalant d'un trait comme si j'allais mourir de soif.

210 Réécrivez ces phrases sans utiliser de participe présent.

✓ Exemple : Désespérant de voir tomber la pluie, ils se rendirent à l'église demander son aide à Dieu.
▸ Ils désespéraient de voir tomber la pluie, alors ils se rendirent à l'église demander son aide à Dieu.

a. Il alluma un gros cigare en s'enfonçant dans le siège de cuir, prenant déjà ses désirs pour des réalités.
b. Articulant très mal, j'ai eu du mal à me faire comprendre de l'ambassadeur.
c. Elle le regarda, rougissant et lui avoua qu'elle l'aimait.
d. Il sourit à ces mots, pensant au rôti que lui avait préparé sa mère.
e. Il esquiva le vélo, freinant au dernier moment.
f. Je le trouve désolant mais que voulez-vous, c'est mon mari.
g. Je me regarde dans la glace, regrettant ma jeunesse.
h. Je suis content, pensais-je, croyant en l'auto-persuasion.
i. Il est réjouissant ce roman. J'aime les histoires finissant bien.
j. Elle écoutait derrière la porte, suspendant son souffle.

211 Pour exprimer l'antériorité, utilisez la forme composée du participe présent.
Transformez suivant le modèle.

✓ Exemple : Comme il s'était trompé de train, il est arrivé à Marseille à la fin du colloque.
▸ S'étant trompé de train, il est arrivé à la fin du colloque.

a. Elle avait pris des précautions ; elle ne s'est donc pas blessée en nettoyant ses outils.
   ....
b. Il a quitté le cours plus tôt car il avait terminé l'évaluation avant les autres.
   ....
c. Comme tu n'avais pas aimé ce film, tu n'as pas conseillé à tes amis d'aller le voir.
   ....
d. On a vécu deux ans au Québec, alors on connaît quelques mots de joual*.
   ....
e. Comme Marie avait mangé beaucoup de mousse au chocolat, elle a eu une crise de foie.
   ....
f. Ainsi que je te l'avais promis, je t'ai attendu jusqu'à midi.
   ....
g. Comme ils ont passé une partie de la nuit à jouer aux cartes, ils ont très peu dormi.
   ....

h. Nous avons emmené les enfants au cirque car nous avions reçu deux invitations.
   ....
i. Pauline a passé une très mauvaise nuit parce que la veille, elle avait vu un film d'épouvante.
   ....
j. Comme nous avions bu du champagne, nous étions tous un peu gais.
   ....

le joual : langage populaire du Québec

212 Remplacez les constructions avec le pronom *qui* par un participe présent passé.

✓ Exemple : Que celui qui n'a jamais péché me jette la première pierre.
   ▶ Que celui n'ayant jamais péché me jette la première pierre.

a. Les personnes qui ont passé leurs vacances en Turquie rentrent toutes ravies.
b. Les députés qui ont été élus appartiennent presque tous aux partis conservateurs.
c. Les réformes qui ont été entreprises ne résoudront pas le problème de la Sécurité sociale.
d. Les installations qui ont été construites serviront pour les prochains jeux Olympiques.
e. Les vêtements qui sont vendus dans cette boutique sont de mauvaise qualité.
f. Toutes les bombes qui sont tombées sur Bagdad ont dû faire des milliers de victimes.
g. Les trois personnes qui sont passées devant nous avaient une carte de presse.
h. Les manifestations qui ont eu lieu hier ont rassemblé 50 000 personnes selon les organisateurs et 800 selon la Préfecture.
i. Les tableaux qui ont été achetés hier à Drouot* n'avaient en fait pas grande valeur.
j. Les motos qui sont passées sous mes fenêtres ont réveillé tout le quartier.

salle des ventes parisienne

213 Utilisez un participe présent à la place de la structure relative.

✓ Exemple : Les jeunes gens qui ont eu leur diplôme d'ingénieur peuvent trouver rapidement du travail.
   ▶ Les jeunes gens ayant eu leur diplôme d'ingénieur peuvent trouver rapidement du travail.

a. Les voitures qui ont été construites avant 1980, pouvaient effectuer 150 000 kilomètres.
b. Les atlas qui ont été imprimés avant 1993 mentionnent encore tous l'URSS.
c. Les forêts qui ont été rasées en Haïti étaient indispensables à l'équilibre écologique de ce pays.
d. Les soldats qui sont entrés dans la ville ont tout détruit sur leur passage.
e. Les emballages qui ont été produits avant 1989 ne devaient pas être biodégradables.
f. Les enfants qui ont traversé la cour sont ceux de mes voisins.
g. Les auteurs qui ont écrit dans cette revue sont tous devenus célèbres.
h. Le premier homme qui a été envoyé dans l'espace était soviétique.
i. Les objets qui ont été rangés dans cette pièce ne m'appartiennent pas.
j. Le continent qui a été découvert par Christophe Colomb n'était pas l'Inde, contrairement à ce qu'il croyait.

BILAN

214 *Réécrivez ce texte en utilisant des gérondifs et des participes présents à la place des constructions soulignées puis imaginez, sur le même modèle, la suite de l'histoire de Paul.*

<u>Comme</u> ce coup de téléphone <u>avait duré</u> des heures, Paul était en retard. Il courut, <u>il dévala</u> l'escalier, et <u>croisa</u> au passage Madame Renard, sa voisine du second. <u>Quand il arriva</u> dans la cour, il voulut démarrer sa moto. Malheureusement pour lui, <u>comme il était très négligent</u>, il avait oublié d'y mettre de l'essence. <u>Il râla</u> et il se précipita vers le métro. Peu méfiant, il ne vit pas la peau d'orange sur le trottoir et, <u>alors qu'il glissait</u> dessus, il tomba dans une poubelle. Dégoûtant, transpirant, rougissant de colère, il décida de remonter chez lui, <u>pendant qu'il accusait</u> le ciel et tous ses saints. Devant la porte de l'immeuble, il constata avec fureur qu'il avait oublié les clés de l'appartement. Un instant, il crut voir à sa fenêtre un visage <u>qui disparaissait</u> derrière le rideau…

XII. LA CONSÉQUENCE

JE PENSE DONC JE SUIS.

215 Soulignez les éléments introduisant la conséquence.

✓ Exemple : Ils ont <u>tellement</u> de soucis avec leur maison <u>qu'</u>ils ne dorment plus.

a. Elle a trop d'amis pour les inviter tous.
b. Elle est si heureuse qu'elle pleure de joie.
c. Tu refuses leur proposition ? Tu dois donc les prévenir !
d. Il a fait tellement froid au printemps que les arbres fruitiers ont gelé.
e. Pierre était très énervé ; tant et si bien qu'il a pris un calmant.
f. Vous n'avez pas payé votre loyer depuis deux mois ; par conséquent, vous devrez déménager à la fin du mois.
g. Notre société a augmenté sa production de 15 % cette année ; il en résulte une prime pour tous les salariés.
h. Vous devrez vous présenter au tribunal sous peine de poursuites.
i. Je suis très touchée ; à tel point que je ne trouve plus mes mots pour vous remercier.
j. Il a beaucoup travaillé, si bien qu'il a terminé son projet dans les temps.

216 Complétez les phrases suivantes par *alors*, *donc*, *par conséquent* (plusieurs solutions sont possibles).

✓ Exemple : Elle approchait de cinquante-huit ans
▸ ***alors*** elle a pris sa retraite.
▸ elle a ***donc*** pris sa retraite.
▸ ***par conséquent*** elle a pris sa retraite.

a. Nous étions fatigués .... nous avons interrompu la partie de tennis.
b. Elle ne savait pas quoi lui offrir ; elle lui a .... demandé ce qu'il voulait.
c. Vous prendrez le train de 5 h 43 ; .... vous devrez vous lever très tôt.
d. Il faisait très beau .... nous sommes allés à la piscine Deligny.
e. L'entreprise N. N. M. a fermé ses portes .... 300 salariés ont été licenciés.
f. Tu as réussi ton bac, nous t'offrirons .... l'ordinateur dont tu rêves.
g. Sa santé ne s'améliore pas ; .... il serait préférable qu'elle entre à l'hôpital.
h. Il ne sait pas sa leçon .... je lui ai dit de mieux l'étudier.
i. Ils avaient beaucoup aimé ce film .... ils sont allés le revoir.
j. Les enfants étaient très déçus ; je les ai .... emmenés au zoo.

217 Terminez les phrases en exprimant la conséquence.

✓ Exemple : Je n'ai pas faim ce soir, c'est pourquoi *je ne me mets pas à table*.

a. Vous avez lu ce roman, vous .... donc ....
b. Elle a choisi de passer le week-end chez elle alors ....
c. Je voulais m'amuser à cette fête, aussi ....
d. Ils ne savaient pas quoi faire hier soir alors ....
e. Je n'avais pas sommeil ; .... donc ....
f. Il n'avait pas acheté le journal ; c'est pourquoi ....
g. Leur déménagement était terminé ; par conséquent ....
h. Vous n'avez jamais lu d'auteurs contemporains, c'est pourquoi ....
i. Nous parlions de nos prochaines vacances ; aussi ....
j. Vous ne connaissez pas la cuisine indienne, aussi ....

218 Complétez les phrases suivantes par *de* ou *d'* si nécessaire.

✓ Exemples : Il a tellement ***d'***amis qu'il ne peut pas les voir souvent.

Il travaille tant .... qu'il n'a pas une minute à lui.

a. J'ai tellement .... bien dormi que je me suis réveillée à midi.
b. Il a tellement .... argent qu'il ne sait pas comment le dépenser.
c. Ils ont tellement .... bu qu'ils préfèrent dormir chez nous ce soir.
d. Il y avait tellement .... pommes sur l'arbre que certaines branches ont cassé.
e. J'ai perdu tellement .... temps que je vais arriver en retard.
f. Dans la presse, on raconte tellement .... choses sur les stars qu'on ne sait plus que penser d'elles.
g. Le Festival d'Avignon propose tant .... pièces qu'on ne pourra pas toutes les voir.
h. Il a tant .... mangé qu'il a été malade pendant deux jours.
i. Tu lis tellement .... que tu ne fais rien d'autre.
j. J'ai tellement .... confiance en toi que tu ne peux pas me tromper.

219 Complétez en utilisant *tant (de)*, *tellement (de)* ou *si*.

✓ Exemple : Sa robe était *si* jolie que j'ai acheté la même.

a. Tu dormais .... profondément que j'ai mis cinq minutes pour te réveiller.
b. La théière était .... vieille qu'elle s'est cassée dans ma main.
c. Ce film était .... bête que je n'ai pas regardé la fin.
d. Elle a .... bijoux qu'elle ne les porte pas tous.
e. Nous sommes .... heureux que nous chantons à tue-tête.
f. Pourquoi manges-tu .... peu ?
g. Ses enfants ont .... de devoirs qu'ils n'ont pas le temps de jouer.
h. Elles ont .... bavardé qu'elles n'ont plus rien à dire.
i. Elle a .... lavé ce pull-over qu'il est tout feutré.
j. Cette petite fille était .... attendrissante que je l'ai embrassée.

220 Complétez les phrases suivantes par *tel*, *telle*, *tels* ou *telles*.

✓ Exemple : Carole ressentait une **telle** fatigue qu'elle a dû quitter la réunion avant la fin.

a. Elles ont eu une .... peur qu'elles n'ont pas dormi de la nuit.
b. Jacques a accumulé un retard .... qu'il travaille même le samedi.
c. Votre surprise a été .... que vous avez eu du mal à reprendre votre discours.
d. Il y a un .... bruit dans la salle qu'on ne s'entend pas.
e. Ses histoires sont .... que personne n'y croit plus.
f. Sophie est capable d'une .... gentillesse qu'on ne peut pas lui en vouloir pour sa maladresse de ce matin.
g. Sa colère était .... qu'elle a menacé de nous frapper.
h. Vous avez de .... qualités que tout le monde vous adore.
i. Thomas a un .... courage qu'il mène à terme tout ce qu'il entreprend.
j. On va aider Patrick ; il a de .... ennuis qu'il faut le sortir de là.

221 Complétez avec *pour* ou *pour que*.

✓ Exemples : Il est trop jeune **pour** comprendre.
Tu es trop fatigué **pour que** nous rentrions en métro.

a. Il est trop âgé .... faire du ski.
b. Tu ne travailles pas assez bien en classe .... on t'offre un vélo.
c. Il nous donne trop peu de nouvelles .... on sache ce qu'il devient.
d. Je n'ai pas assez de temps .... m'occuper des autres.
e. Vous ne lui parlez pas assez .... il vous connaisse bien.
f. Il a trop de travail .... s'absenter une semaine.
g. J'ai assez de place dans ma voiture .... vous conduire à Lyon.
h. Elle nous a rendu assez de services .... on l'accompagne à Roissy.
i. Les sportifs mangent beaucoup de sucre, ... reprendre des forces.
j. Cécile a suffisamment de temps .... préparer son repas.

222 Transformez les phrases suivantes en utilisant *de sorte que*, *au point que*, *à tel point que* suivis de l'indicatif.

✓ Exemple : Jacques a vécu dix ans à Rome ; **ainsi** parle-t-il couramment l'italien.
▸ Jacques a vécu dix ans à Rome **de sorte qu**'il parle couramment l'italien.

a. Pierre donne une invitation à Lucie ; elle va donc ce soir à l'Opéra.
....
b. Michèle a mangé tant de choucroute qu'elle est malade ce matin.
....
c. Nos amis ont vécu cinq ans dans le quartier, alors ils connaissent bien la rue des Rosiers.
....
d. Les enfants se sont tellement amusés qu'ils n'ont pas vu le temps passer.
....

e. Pauline a tellement maigri que je ne l'ai pas reconnue.
   ....

f. Mes voisins se couchent tellement tard que je vois toujours de la lumière chez eux.
   ....

g. Sophie parle très bien anglais ; aussi elle adore se rendre à Londres.
   ....

h. Nicolas avait une telle soif qu'il a bu une demi-bouteille d'eau.
   ....

i. Catherine travaille énormément ; elle ne sort même plus de chez elle.
   ....

j. Le prix du pétrole a augmenté ; les billets d'avion vont être plus chers.
   ....

223 La conséquence et la cause. Distinguez-les en soulignant les propositions indiquant une conséquence.

✓ Exemple : En raison de la pluie, <u>elle a préféré rester chez elle</u>.

a. Vous avez tant dansé que vous ne supportez plus vos chaussures.
b. Jacques s'est couché sans dîner, il était si fatigué.
c. Comme nous étions très nombreux, je n'ai pas vu Mme Dupuy.
d. Tu préfères être près de l'orchestre ; j'ai donc acheté deux billets au premier rang.
e. Je lui ai laissé un mot de sorte qu'il n'était pas surpris de mon absence.
f. Leur congélateur s'est arrêté en raison d'une coupure d'électricité.
g. Ils avaient très peu de clients alors ils ont décidé de fermer le restaurant.
h. Comme les pistes étaient gelées, nous n'avons pas skié ce matin.
i. À cause de la grève, elle est allée travailler en vélo.
j. Éric boit beaucoup de café, aussi se couche-t-il toujours très tard.

224 Marquez d'une croix les phrases indiquant la conséquence par opposition au but.

✓ Exemples : Jacques a fait des économies pour s'acheter un voilier. ( )

   Il est trop curieux pour ne pas s'informer de l'incident. (X)

a. Pourquoi mets-tu un casque ? – De manière à mieux entendre les nuances. ( )
b. Il y avait beaucoup de monde, de sorte qu'on n'a pas vu toute l'exposition. ( )
c. As-tu retiré un dossier de sorte que tu puisses t'inscrire l'année prochaine ? ( )
d. Il a fait en sorte qu'on ne sache rien de sa vie privée. ( )
e. Nous n'avons pas reconnu François de sorte que nous ne lui avons pas parlé. ( )
f. J'ai fait en sorte qu'Annick ne vienne pas ce soir. ( )
g. Mme Dubois se dépêche pour que tout soit prêt pour Noël. ( )
h. Il n'aura pas assez d'argent pour s'acheter une voiture neuve. ( )
i. Pauline a terminé ses dossiers de sorte qu'elle sera libre à la fin de la semaine. ( )
j. On n'a pas eu le temps de déjeuner de sorte que je n'ai pas vu Xavier aujourd'hui. ( )

BILAN

225 Faites le bon choix.

DIALOGUE TÉLÉPHONIQUE ENTRE ALICE ET CÉCILE

« Alice : Allô, Cécile ? Écoute, j'ai un petit problème. (En raison de/Pour) le mariage de mon frère, je dois partir en province. (Alors/Donc) je serai absente au cours de Porcher demain, et …

Cécile : (Donc/aussi) tu aimerais que je prenne des notes et que je te les passe ?

Alice : Toi, au moins, tu comprends vite. C'est exactement ça !

Cécile : Dommage, je ne peux rien faire pour toi car, tu vois, moi non plus, je n'y assisterai pas ; Paul m'a demandé de l'aider à repeindre sa chambre et j'ai accepté. (C'est pour cette raison/Par conséquent) je serai absente moi aussi.

Alice : Tant pis. Je vais téléphoner à Jacques : il est trop sérieux, lui, (afin de/pour) manquer un cours !

Cécile : Bonne idée ! Tu me passeras ses notes. »

Mais Jacques doit garder son jeune frère qui est malade… Philippe ne peut pas s'absenter de chez lui : il attend le plombier… Marie a attrapé un rhume en rentrant du cinéma et préfère rester au chaud… Adrienne est invitée à déjeuner chez des amis… quant à Michel, il regardera le tournoi de tennis et il n'acceptera de le rater pour rien au monde.

Formulez leurs réponses en insistant bien sur les conséquences.

XIII. L'OPPOSITION

LES JOURS SE SUIVENT MAIS NE SE RESSEMBLENT PAS.

226 Soulignez les éléments marquant l'opposition.

✓ Exemple : Ils acceptent cette situation désagréable, **moi pas** !

a. Prenez le métro sinon vous ne serez pas à l'heure.
b. Au lieu de ne rien faire, venez m'aider à décharger la voiture.
c. Donnez-nous les résultats et non l'explication des faits.
d. Pierre ne parle pas beaucoup ; par contre, il est très observateur.
e. Ta visite ne l'ennuiera pas ; bien au contraire, elle en sera ravie.
f. Vous êtes libre demain après-midi alors que vous devriez aller chez le médecin ?
g. Joseph regarde le match de tennis à la télévision alors qu'il a beaucoup de travail en retard.
h. Elle aime beaucoup les Rita Mitsuko* ; en revanche, elle déteste leur dernier clip.
i. Téléphonez-moi de temps en temps, autrement je n'aurai pas de vos nouvelles.
j. Son mari est très discret mais il me plaît beaucoup.

* les Rita Mitsouko : groupe de rock français

227 Complétez les phrases suivantes par l'indicatif ou l'infinitif.

✓ Exemple : courir/Au lieu de **courir** tu ferais mieux de te lever plus tôt.

a. devoir/Ma sœur sort tous les soirs alors qu'elle .... passer des examens à la fin du mois.
b. arranger/S'il est vrai que les années n'.............. rien, son caractère ne s'améliorera pas en vieillissant.
c. refuser/Tu dors mal ; cependant, tu .... de prendre des somnifères.
d. maigrir/Loin de ...., il a pris plusieurs kilos depuis les vacances.
e. approcher/Vous travaillez de moins en moins alors que les examens ....
f. rester/Pourquoi ne penses-tu pas à t'amuser au lieu de .... tout seul chez toi ?
g. faire/Elle s'est fait punir alors qu'elle n'.............. rien de mal.
h. rester/Nous partons ce week-end ; en revanche, nous .... à la maison dimanche prochain.
i. progresser/Loin de ...., Marie est en train d'oublier ce qu'elle savait au début de l'année.
j. se porter/S'il est vrai que l'économie .... bien, je ne comprends pas l'inquiétude des hommes politiques.

228

Complétez les phrases suivantes en utilisant : *mais, au contraire, sinon, en revanche, autrement, par contre, pourtant, et non (pas)* **(plusieurs réponses sont possibles).**

✓ Exemple : Prenez leur adresse **autrement/sinon** vous ne pourrez pas leur écrire.

a. Les Martin viendront samedi .... vendredi comme c'était prévu.
b. Pour aller à Nice, je vous conseille de prendre l'avion, ... le train.
c. Thomas est excellent en mathématiques ; .... il est faible en chimie.
d. Il y a beaucoup de soleil .... la neige n'arrive pas à fondre.
e. Ce voyage t'ennuie ? Moi .... j'aimerais pouvoir partir à ta place !
f. Ma mère n'aime pas le rap* .... elle adore le reggae*.
g. Rentrez pour le dîner .... vous aurez des ennuis avec vos parents.
h. Paul ne semble pas inquiet, ... sa femme l'est sûrement.
i. On fera le trajet de nuit .... de jour à cause des enfants qui trouvent le temps long en voiture.
j. Elle redoutait d'annoncer son échec à sa mère qui .... l'a bien accepté.

* styles de musique

229

Reliez les éléments suivants pour en faire des phrases.

✓ Exemple : Il veut m'épouser ; moi non, je préfère ma liberté.

a. Il veut m'épouser
b. Ils ont l'air triste
c. 64 % des retraités sont propriétaires d'un logement
d. Donne-moi de l'argent
e. En France, le temps libre d'une vie est de 20 ans ;
f. Tu devrais lui proposer de sortir
g. 30 % des Français se trouvent trop gros
h. Il est végétarien
i. Le nombre des mariages baisse ;
j. Les Français recherchent davantage les loisirs

1. sinon je ne pourrai pas acheter le journal.
2. alors qu'ils redoutent de plus en plus le chômage
3. moi non, je préfère ma liberté.
4. au lieu de regarder la télévision.
5. mais il lui arrive de manger des œufs.
6. en revanche, le temps de travail est de 8 ans.
7. et pourtant, ils ont tout pour être heureux.
8. par contre les unions libres se multiplient.
9. contre 59 % des Français de tout âge.
10. tandis que 6 % se jugent trop maigres.

230

Écrivez les phrases suivantes en exprimant une opposition.

✓ Exemple : Elle a recommencé à fumer **alors qu'elle avait arrêté depuis deux ans**.

a. Je me suis couchée de bonne heure au lieu de ....
b. Madame Dumont a repris des cours de peinture alors qu' ....
c. Prévenez-moi de votre arrivée sinon ....
d. Téléphonons-lui, mais ....
e. Les Dubois sont pris ce soir, par contre ....

f. Nous partirons en vacances en Italie au lieu de ....
g. Anne est un peu souffrante ; malgré tout ....
h. N'oubliez pas de lui écrire, autrement ....
i. Cette année, ils prendront une chambre à l'hôtel et non ....
j. Les sucres, vous pouvez en manger ; en revanche ....

231 Associez les phrases suivantes en exprimant une opposition.

✓ Exemple : C'est l'été à Paris. Dans l'hémisphère Sud, il y a de la neige.
▸ C'est l'été à Paris, (*en revanche/tandis que/par contre*) dans l'hémisphère Sud il y a de la neige.

a. Je me repose sur la plage. Tu téléphones au directeur.
   ....
b. Tu as fait la vaisselle. Tu n'as fait aucune course.
   ....
c. Prenez votre voiture. Il y a des embouteillages.
   ....
d. Tu dois lire sa lettre. Tu ne comprendras pas les raisons de sa démission.
   ....
e. Suzanne a beaucoup grandi. Elle n'a pas grossi.
   ....
f. Il est jeune. Il ne sort jamais.
   ....
g. Philippe va souvent au concert. Il achète très peu de disques.
   ....
h. Les Français mangent de plus en plus de viande. Ils mangent moins de pain qu'auparavant.
   ....
i. Tu as mal à la gorge. Tu n'arrêtes pas de fumer.
   ....
j. Florence a beaucoup de travail. Elle garde sa bonne humeur.
   ....

BILAN

232 *Complétez ce texte en utilisant* par contre / en revanche/mais/pas/sinon/autrement/au lieu de/ alors que.

CHEZ MADAME DE VILLEPERTUIS, AVEC SOPHIE, SA CUISINIÈRE

Mme de V. : Sophie, arrêtez de faire la poussière ; .... j'aimerais que vous épluchiez les légumes pour le dîner.

Sophie : Mais madame, je ne les ai pas trouvés dans la cuisine, ... j'aurais déjà commencé !

Mme de V. : .... de rester ici, allez dans la cour, ils sont là-bas !

Sophie : Bien, madame, ... vous le saviez, vous, où ils se trouvaient ces légumes, moi : personne ne me l'avait dit ; .... je ne vous aurais pas attendue pour me mettre au travail !

Mme de V. : Mais comment donc ? Où étiez-vous au moment où le livreur les a apportés .... vous ne devez pas quitter la cuisine ?

Sophie : Eh bien, c'est vrai ; je ne quitte pas la cuisine pour m'amuser, ... ça m'arrive de m'absenter pour aller faire du ménage dans la maison.

Mme de V. : Bon, allez Sophie, assez de temps perdu ! Mettez-vous au travail .... le dîner de ce soir ne sera jamais prêt et mes invités, ..., seront à l'heure, comme toujours.

XIV. LA CONCESSION ET LA RESTRICTION

ON NE PRÊTE QU'AUX RICHES.

A. Principales constructions

233 Soulignez les éléments qui indiquent une concession ou une restriction.

✓ Exemple : <u>Quoi que</u> vous fassiez, il est toujours mécontent.

a. Bien qu'elle n'ait pas beaucoup d'argent, elle veut s'acheter un appartement.
b. Avez-vous fait bon voyage malgré la pluie ?
c. Si costaud qu'il soit, il n'arrive pas à soulever ce paquet !
d. L'association sportive regroupe les étudiants, quel que soit leur âge.
e. Les animateurs sont prêts à venir, quitte à se payer les billets d'avion.
f. Où que tu ailles, je te suivrai !
g. Je l'ai accompagné au concert quoique je n'aime pas la musique baroque.
h. Nous pensions inviter Francis Cabrel, à moins que vous préfériez un autre chanteur.
i. Tu as beau lui expliquer, elle ne comprend rien !
j. Cet immeuble sera construit quel que soit l'avis des voisins.

234 Reliez les éléments suivants.

✓ Exemple : Si bon vendeur qu'il soit, il n'arrive pas à vendre ce produit.

a. Si bon vendeur qu'il soit
b. Nous pouvons être au premier rang
c. Ma fille s'endort facilement
d. Que ce soit vrai
e. Je viendrai te voir en Australie
f. Nous irons à la piscine
g. Malgré ton opération
h. Mon oncle est très sympa
i. Vous avez beau le leur dire
j. Tu ne dois pas accepter

1. en dépit du bruit.
2. ou faux, donne une réponse !
3. encore faut-il que tu arrives à l'heure au théâtre.
4. quoique j'ai horreur de prendre l'avion.
5. il n'arrive pas à vendre ce produit.
6. tu n'as pas arrêté de fumer.
7. à moins qu'il ne pleuve.
8. elles ne vous écoutent pas.
9. mais il ne prête jamais sa voiture.
10. n'importe quelles conditions.

235 Retrouvez la (ou les) phrase(s) équivalente(s).

✓ Exemple : Elle sortira même s'il pleut.
  ☐ S'il ne pleut pas, elle sortira.
  ☒ S'il pleut, elle sortira.
  ☐ Elle ne sortira pas sous la pluie.

a. Il saute très haut malgré sa taille.
  1 ☐ Il est petit mais il saute très haut.
  2 ☐ Sa taille l'empêche de sauter très haut.
  3 ☐ Même avec sa taille, il saute très haut.

b. Tu peux réussir, encore faut-il que tu le veuilles.
  1 ☐ Tu peux réussir si tu le veux vraiment.
  2 ☐ Même si tu le veux, tu ne peux pas réussir.
  3 ☐ Pour que tu réussisses, tu dois le vouloir.

c. Daniel prendra ce train à moins qu'il ne soit complet.
  1 ☐ Il ne prendra pas ce train car il est complet.
  2 ☐ Il prendra ce train même s'il est complet.
  3 ☐ Il prendra ce train s'il reste des places.

d. Je suis guéri ; toutefois, je dois me reposer encore une semaine.
  1 ☐ Je suis guéri parce que je me suis reposé.
  2 ☐ Je serai guéri à condition de me reposer.
  3 ☐ Je vais mieux mais il faut que je me repose.

e. Quelle que soit l'heure, il m'appelle.
  1 ☐ Il m'appelle à n'importe quelle heure.
  2 ☐ Il m'appelle toutes les heures.
  3 ☐ Il m'appelle de jour comme de nuit.

236 Transformez les phrases suivantes en ajoutant une notion de restriction (utilisez *ne ... que, seulement, uniquement, juste un/le seul, une/la seule, les seul(e)s*). Plusieurs réponses sont possibles.

✓ Exemple : Je fume deux cigarettes par jour.
  ▸ Je ne fume que deux cigarettes par jour.
  ▸ Je fume seulement deux cigarettes par jour.

a. Nous l'avons rencontré une fois à Lyon.
b. Attends ! Regarde ce film, il dure cinq minutes.
c. Mes amis japonais ont deux semaines de vacances par an.
d. Didier est sorti pour acheter des cigarettes.
e. Une personne reste à prévenir : Laurence.
f. Elle boit du champagne et rien d'autre.
g. Valérie aime les films policiers ; c'est tout.
h. Ta mère me téléphone toujours pour me raconter ses problèmes.
i. Il aime une fleur : l'orchidée.
j. J'en ai pour deux minutes.

B. *Bien que ..., à moins que, encore que, quoique ...* + subjonctif

237 *Bien que* + subjonctif. Faites des phrases d'après le modèle.

✓ Exemple : avoir peu de temps/venir/nous
▶ Bien que nous ayons peu de temps, nous viendrons pour l'anniversaire de Delphine.

a. vivre à Madrid/aller à Paris/tu ....
b. travailler/faire beaucoup de sport/ils ....
c. avoir des enfants/faire de longs voyages/nous ....
d. avoir perdu/être de bonne humeur/elle ....
e. savoir cuisiner/ne pas faire la cuisine/je ....
f. prendre des calmants/avoir toujours mal/il ....
g. ne pas vouloir/s'en aller/on ....
h. être antipathique/avoir raison/ils ....
i. boire du café/s'endormir/tu ....
j. faire réparer sa voiture/tomber en panne/je ....

238 Complétez avec *quel(quelle) que soit* ou *quels(quelles) que soient*.

✓ Exemple : ***Quelle que soit*** votre opinion, la décision est prise.

a. Elle t'écoutera toujours .... ton problème.
b. Ce congrès aura lieu à Besançon .... les dates retenues.
c. Il y aura certainement beaucoup de participants .... les thèmes abordés.
d. Cette région est très agréable .... la saison.
e. On viendra à l'aéroport .... l'heure où vous arriverez.
f. .... ses vêtements, elle est toujours très distinguée.
g. Elle ne modifiera pas son spectacle, ... les réactions du public.
h. Il nous fait beaucoup rire .... les histoires qu'il raconte.
i. .... le pays où vous allez, emportez toujours des dollars.
j. .... le sujet de cette émission, on la regarde.

239 Indiquer une alternative, émettre des réserves. Complétez les phrases.

✓ Exemple : Demain, on va pique-niquer, à moins ***qu'il ne pleuve***.

a. À moins que ...., Michel arrive toujours en avance à ses rendez-vous.
b. Ton père continue à travailler Bien que ....
c. Cet appartement est clair bien que ....
d. Je suis sûr que tu peux obtenir ton permis de conduire, encore faut-il que ....
e. À moins que ...., je te téléphonerai au bureau.
f. Bien que ...., elle a promis de me donner de ses nouvelles régulièrement.
g. Quoi que ...., il ne veut pas me prêter sa voiture.

h. Ce film devrait remporter un prix, quoique ....

i. Je ne jouerai pas au tennis cet après-midi, à moins que ....

j. Olivier prépare ses valises, encore que ....

240 Complétez avec *qui que, quoi que, où que*.

✓ Exemple : ***Quoi que*** tu fasses, elle te critique toujours.

a. N'hésite pas à m'appeler en chemin, ... tu te trouves.

b. .... vous soyez, il est interdit d'entrer ici.

c. .... tu ailles, tu le rencontreras !

d. .... tu dises, ta sœur dira le contraire.

e. Appelez vite quelqu'un, ... ce soit !

f. Docteur, ... mange mon mari, il grossit !

g. .... tu écrives, ça ne lui convient jamais.

h. .... vous partiez, prévenez les guides de montagne.

i. .... tu lui offres, ça lui fera toujours plaisir.

j. Soyez discret, ne dites rien, à .... ce soit !

241 Conjuguez les verbes entre parenthèses.

✓ Exemple : Bien que je les ***aie vus*** plusieurs fois, je ne m'en souviens pas. (voir)

a. Je viendrai vous voir à moins que je ne .... trop tard du bureau. (sortir)

b. Bien que tu .... un litre d'eau, tu as encore soif ! (boire)

c. Quelles que .... ses activités, je le trouve très sympathique. (être)

d. Tu peux réussir ce concours, encore faut-il que tu .... un effort. (faire)

e. Henry ne m'a rien dit, bien que je lui .... plusieurs fois déjà. (téléphoner)

f. Quoi qu'il .... , vous pouvez compter sur nous. (arriver)

g. Florence devrait déjà être là, à moins qu'elle ne .... d'adresse. (se tromper)

h. Bien que nous .... très tôt, nous n'arriverons pas à l'heure. (partir)

i. Où que vous .... , vous pourrez toujours boire du coca-cola ! (aller)

j. Quoi que vous .... , il ne changera pas d'avis. (penser)

C. Avoir beau, mais, pourtant, cependant, malgré, même si...

242 Reliez les phrases suivantes en utilisant l'expression *avoir beau*.

✓ Exemple : Je cherche partout. Je ne trouve rien.
➤ ***J'ai beau*** chercher partout, je ne trouve rien.

a. Je lui répète qu'il se trompe. Il ne m'écoute pas. ....

b. Ce film plaît à la critique. Je ne l'aime pas. ....

c. Il pleut. Elle se baigne quand même. ....

d. Bertrand fait un régime. Il ne maigrit pas ! ....

e. Michel habite Londres depuis deux ans. Il ne parle pas bien anglais. ....
f. Sylvie est en vacances. Elle n'arrive pas à se reposer. ....
g. Nous faisons réviser le moteur tous les mille kilomètres. La voiture marche toujours mal.
....
h. Vous intervenez. Cela ne change rien. ....
i. Tu fais attention. Tu casses toujours quelque chose. ....
j. Vous riez. Je parle très sérieusement. ....

243 **Terminez les phrases suivantes (utilisez le présent ou le futur de l'indicatif, le conditionnel présent ou passé, l'impératif).**

✓ Exemples : Même si tu n'es pas là, **nous ouvrirons les cadeaux**.
  Même si nous voulions t'aider, **ça ne changerait rien**.

a. Même si tu étais pilote d'avion, ...
b. Même si tu arrives en retard, ...
c. Même si nous avions pris un taxi, ...
d. Même si Thierry nous avait invités, ...
e. Même si Brigitte pouvait se payer le voyage, ...
f. Même si c'est très cher, ...
g. Même si le spectacle commence très tard, ...
h. Même si je vous l'avais dit, ...
i. Même si tu ne veux pas me croire, ...
j. Même si vous parlez plusieurs langues, ...

244 **Complétez les phrases suivantes.**

✓ Exemple : Les produits de luxe ont continué à se vendre **malgré** la crise économique.

a. La vitesse est limitée à 130 km/heure sur les autoroutes mais ....
b. Je suis très fort en maths, pourtant ....
c. Tu as peu dormi cette nuit, cependant ....
d. .... malgré la pluie
e. .... en dépit de la hausse des prix.
f. Tes amis adorent le théâtre, néanmoins ....
g. Nous n'irons pas à Venise sauf si ....
h. Vous devez éviter de manger du sucre, toutefois ....
i. Malgré .... je trouve monsieur Riboux très actif.
j. Beaucoup de magasins sont ouverts même si ....

BILAN

245 ***Complétez avec*** quitte à, à tel point que, avoir beau, même si, malgré, mais, encore faut-il que, quelle(s) que soit/soient, quand même.

LA NOUVELLE CITREUGEOT X 18 :

.... la puissance de son moteur, la nouvelle Citreugeot est la plus économique de sa catégorie.

Elle a été conçue pour rouler vite, ... la sécurité est loin d'être négligée : freinage assisté, pare-chocs renforcés, amortisseurs réglables.

Une voiture rapide et sûre c'est bien, ... elle soit confortable : les sièges et le volant sont réglables et .... vous faites de longs trajets, vous arriverez toujours en pleine forme.

Vous .... chercher, il ne lui manque rien : vitres automatiques, anti-brouillard, auto-radio, allume-cigares.

Elle est vraiment parfaite, ... cela agace la concurrence qui a .... fini par reconnaître ses qualités.

Alors, ... choisir une voiture neuve et .... vos exigences, faites comme moi, achetez plutôt une Citreugeot X18 !

XV. LES ARTICULATEURS DU DISCOURS

TANT VA LA CRUCHE À L'EAU QU'À LA FIN ELLE SE CASSE.

A. Les articulateurs chronologiques

246 Observez le programme de ce stage écologique.

Mardi 28 septembre	– Arrivée au centre écologique.
Mercredi 29 septembre	– Introduction à l'écologie ; visite d'une exploitation arboricole.
Jeudi 30 septembre	– Journée vitalisante : sports, relaxation.
Vendredi 1er octobre	– Visite de Moissac, cloître et musée.
Samedi 2 octobre	– Journée à la ferme.
Dimanche 3 octobre	– Conférence sur les procédés de vinification.
Lundi 4 octobre	– Journée dans les vignes ; vendanges.
Mardi 5 octobre	– Journée d'étude : les traitements et les maladies de la vigne.
Mercredi 6 octobre	– Visite d'un vignoble expérimental.
Jeudi 7 octobre	– Journée vitalisante.
Vendredi 8 octobre	– Visite d'une coopérative viticole.
Samedi 9 octobre	– Journée consacrée aux préparations culinaires biologiques.
Dimanche 10 octobre	– L'entretien des sols et la préservation.
Lundi 11 octobre	– Départ.

Antoine participe à ce stage écologique.
Nous sommes le 2 octobre. Aidez-le à présenter
ses activités sans faire référence aux dates.
Employez toujours des expressions différentes.

Exemple : (2 octobre) Aujourd'hui, nous passons la journée dans une ferme.

a. (1er octobre) ....
b. (30 septembre) ....
c. (28 septembre) ....
d. (29 septembre) ....
e. (3 octobre) ....
f. (4 octobre) ....

g. (6 octobre) ....
h. (9 octobre) ....
i. (10 octobre) ....
j. 11 octobre) ....

Vous pouvez employer : *demain, dans X jours / semaines, prochain, il y a X jours, hier, après-demain, avant-hier, dernier, ça fait.*

247 **(En rapport avec l'exercice précédent). Nous sommes aujourd'hui le 11 novembre, Antoine raconte le déroulement de son stage. Aidez-le à relater ses activités, en conservant l'ordre des dates de l'exercice précédent.**

✓ Exemple : Ce jour-là, nous avons passé la journée dans une ferme.

a. ....
b. ....
c. ....
d. ....
e. ....
f. ....
g. ....
h. ....
i. ....
j. ....

Vous pouvez employer : *le lendemain, X jours / semaines plus tard / tôt, suivant, la veille, le surlendemain, l'avant-veille, précédent...*

248 **Nicolas est en 6ᵉ. Ses journées sont bien remplies ; voici son emploi du temps du mardi :**

6 h 45 : réveil. 7 h : toilette, petit déjeuner. 8 h : bus. 8 h 30 : cours de mathématiques.
10 h : cours de français. 12 h : déjeuner. 13 h : cours d'anglais. 14 h : éducation physique.
16 h : bus. 17 h : cours de piano. 18 h : devoirs. 19 h 30 : dîner. 21 h : coucher.

Décrivez un mardi de Nicolas sans indiquer les heures ; employez *enfin, tout d'abord, ensuite, et puis, auparavant, à la suite de quoi, plus tard, avant de, après, en premier lieu, puis, et,* **etc.**

✓ Exemple : (6 h 45) ***En premier lieu / Tout d'abord***, Nicolas se réveille.

a. (7 h) ....
b. (8 h 30) ....
c. (8 h) ....
d. (10 h) ....

e. (12 h) ....
f. (13 h) ....
g. (14 h) ....
h. (16 h) ....
i. (18 h) ....
j. (17 h) ....

249 Cochez d'une croix le sens voisin de l'expression soulignée.

✓ Exemple : Autrefois à la campagne, les différentes générations d'une famille vivaient sous le même toit.
☒ Jadis   ☐ Il y a peu de temps   ☐ Tantôt

a. Il se mit à pleuvoir ; le vent se leva. À ce moment-là, l'orage éclata.
1 ☐ Tantôt   2 ☐ Plus tard   3 ☐ Alors

b. Elle m'a assuré qu'elle avait revu Baisers volés la semaine précédente.
1 ☐ Il y a une semaine   2 ☐ Depuis une semaine   3 ☐ La semaine d'avant

c. La semaine prochaine, une séance exceptionnelle se tiendra à l'Assemblée nationale.
1 ☐ Dans une semaine   2 ☐ À partir d'une semaine   3 ☐ La semaine d'après

d. Il m'a demandé si je participerais à la réunion du comité dans huit jours.
1 ☐ La semaine dernière   2 ☐ Cette semaine   3 ☐ La semaine suivante

e. Hier et avant-hier, les températures avaient sensiblement baissé dans le nord de la France.
1 ☐ Ces jours-ci   2 ☐ Alors   3 ☐ Jadis

f. Dans un an, se dérouleront les élections législatives.
1 ☐ Dès un an   2 ☐ L'année prochaine   3 ☐ Un an plus tard

g. Dans quelques mois, débutera la campagne électorale.
1 ☐ Maintenant   2 ☐ À ce moment-là   3 ☐ Bientôt

h. Depuis septembre, les cinémas proposent un tarif réduit le mercredi.
1 ☐ Chaque mercredi   2 ☐ Mercredi prochain   3 ☐ Ce mercredi

i. À partir de mars, les jours rallongent de façon sensible.
1 ☐ Depuis mars   2 ☐ Dès mars   3 ☐ Jusqu'en mars

j. Viens tout de suite, ça ne va pas !
1 ☐ Bientôt   2 ☐ Tôt   3 ☐ Immédiatement

250 Voici le programme de la chaîne Arte du 28 septembre 1992, jour de l'inauguration. Remplissez cette grille horaire en fonction des informations suivantes.

« Tout d'abord, il y aura une présentation de la chaîne et notre soirée s'achèvera par un film intitulé Mister Boo d'une durée de 180 minutes. Précédant ce film, un premier film de Wim Wenders, Les Ailes du désir. Faisant suite à la présentation inaugurale, un reportage ayant pour titre : La Malédiction des pharaons vous sera présenté. Puis vous pourrez suivre un journal d'information précédé d'un petit moment de divertissement présenté par les Monty Pythons. »

19 h
19 h 10

19 h 55
20 h 30
20 h 40
23 h
0 h 30 Fin des programmes.

251 À votre tour, présentez le programme de TF1 pour la soirée du 28 septembre 1992 (plusieurs présentations sont possibles).

18 h 55 — « Coucou, c'est nous » : chronique quotidienne sur l'actualité ; divertissement agrémenté de variétés et d'interviews.
19 h 50 — « Le Bébête Show » : marionnettes caricaturant les hommes politiques français.
20 h 00 — Journal télévisé.
20 h 45 — « Si on se disait tout » : émission animée par Patrick Sabatier.
22 h 40 — « Santé à la Une » : thème : la sclérose en plaque.
23 h 55 — « F1 Magazine » : émission sportive : Grand Prix du Portugal.
0 h 30 — « Minuit Sports » : magazine sportif.

B. Les articulateurs logiques

252 Expliquez-vous mieux ; complétez les phrases suivantes avec *soit, c'est-à-dire* ou *par exemple* (plusieurs réponses parfois possibles).

✓ Exemple : Une petite majorité (***soit*** 51 % des Français) a voté « oui » au traité de Maastricht).

a. Beaucoup de reproches sont faits à la chaîne TF1 .... la surabondance de publicités.
b. L'électorat vert, ... écologiste, sympathise plutôt avec la gauche en France.
c. En 1992, 8 % de la population de la France est étrangère .... 4,5 millions de personnes.
d. Le baccalauréat G .... « gestion » attire de moins en moins de lycéens.
e. Les foyers français sont de mieux en mieux équipés ; .... 95 % ont un réfrigérateur, 95 % le téléphone, 92 % un téléviseur, mais 12 % seulement ont un ordinateur.
f. Depuis le 28 septembre 1992, Arte, ... l'Association relative à la télévision européenne, émet à la place de La 5.
g. En France, les sénateurs sont élus pour neuf ans, renouvelables par tiers, ... un sur trois, tous les trois ans.
h. Lors du rallye Paris-Moscou-Pékin, les abandons ont été très nombreux .... 55 voitures, 11 camions et 8 motos.
i. Un accord visant à protéger l'océan Atlantique contre les déchets a été signé en 1992 entre treize pays riverains, ... l'Allemagne, la Belgique, la Finlande, l'Espagne, la France,
j. Les jeunes se sentent davantage prêts à travailler dans un autre pays européen que leurs parents .... 63 % contre 54 %.

C. Quelques difficultés particulières

253 Complétez par *enfin* ou *finalement*.

✓ Exemple : On a voyagé deux mois, on a travaillé un mois à Avignon et **enfin** on a retrouvé mes parents à Venise.

a. Tu arrives .... ; je commençais à être inquiète, tu as une heure de retard !
b. Il ne savait que faire à la rentrée et .... il s'est inscrit à la fac.
c. Tout d'abord, ils ont pris le métro, puis le RER, ... un taxi pour .... arriver en retard à notre dîner.
d. Marie se posait beaucoup de questions au sujet de sa voiture et .... elle a décidé d'en changer.
e. Jean-Marc va .... nous présenter sa fiancée. Depuis le temps qu'il nous parlait d'elle !
f. Après plusieurs minutes d'hésitation, on a .... choisi d'aller au cinéma plutôt qu'au restaurant.
g. « .... Nicolas, tu es parvenu à résoudre ce problème ! Tu y as tout de même mis plus d'une heure ! »
h. Nous avons .... emménagé dans notre nouvel appartement ; les travaux ont duré plus de trois mois.
i. .... Christine préfère rester chez elle ce soir ; elle ne se sent pas très bien.
j. On a longé la Seine depuis le Palais de Chaillot et après une heure de marche, on s'est .... arrêté pour admirer la Pyramide du Louvre ; on était épuisé.

254 Complétez par *d'ailleurs* ou *par ailleurs*.

✓ Exemple : Virginie a refusé de venir danser avec nous au Garage ; **d'ailleurs** elle devait retrouver une amie pour aller dîner.

a. L'autoroute A7 est saturée en ce dimanche soir ; .... nous apprenons que l'autoroute A1 est actuellement coupée après Senlis dans le sens province-Paris.
b. Si vous vous abonnez à *Télérama* avant le 31, vous bénéficierez d'une réduction de 20 %. .... vous recevrez en cadeau une calculatrice électronique.
c. Jean-Louis adore ces polos ; .... il en porte très souvent, même en semaine.
d. La redevance pour la télévision ne représente que 0,99 % du budget des Français en 1986 ; c'est .... un des pourcentages les plus bas d'Europe.
e. Gérard Depardieu devient un des plus grands acteurs français, ... c'est lui qui a présidé le festival de Cannes en 1992.
f. On est allé au théâtre voir *Les Bas-fonds* ; on a trouvé la mise en scène très lourde ; .... on a envie d'aller revoir *L'École des femmes*.
g. Annick a découvert une brasserie sympa ; .... elle projette de nous y amener.
h. Irène Jacob est la jeune actrice qui a joué dans *La Double Vie de Véronique*. Elle prépare .... un nouveau film dont j'ai oublié le nom.
i. Le magazine littéraire « Apostrophe » avait un grand succès en partie dû à Bernard Pivot ; .... France 2 l'a chargé d'animer son nouveau magazine « Bouillon de culture » le dimanche soir.
j. Antoine a des semaines bien remplies : il étudie le piano et .... il fait de la natation et du football.

255 Remplacez *ainsi* par *de cette façon* ou *par exemple*.

✓ Exemple : Les Dubois sont partis vivre dans le Sud, ils se sont ainsi rapprochés de leurs parents.
▸ ...***de cette façon*** ils se sont rapprochés de leurs parents.

a. Nicolas a de nombreux copains, ainsi Julien, Guillaume et Thomas.
b. Les transports en commun restent les plus pratiques, ainsi le RER, le métro et le bus.
c. Il a fait deux années préparatoires, ainsi il est entré à l'ISG.
d. L'automne est la saison qui met les livres en vedette à travers des manifestations culturelles ainsi « La fureur de lire » et l'attribution des grands prix littéraires.
e. Elle est partie finir sa vie dans une maison de retraite ; mais elle est heureuse de vivre ainsi.
f. Certaines nouvelles technologies se répandent rapidement, ainsi l'informatique et le laser.
g. Depuis trois ans, France-Info diffuse chaque jour des annonces de recrutement ; ainsi on a enregistré 2 000 embauches le trimestre dernier.
h. Certaines professions offrent actuellement peu de débouchés, ainsi la publicité, les services hospitaliers, les spectacles.
i. Le journal télévisé de 20 heures a dorénavant une double vocation : présenter l'actualité du jour et aborder un thème particulier ; ainsi s'explique peut-être la crise que rencontre la presse écrite.
j. Certains aménagements rendus obligatoires pour le bon fonctionnement de l'Europe font peur, ainsi la politique agricole et l'écu.

256 Complétez par *de fait* ou *en fait*.

✓ Exemple : La secrétaire a affirmé avoir envoyé cette lettre mais ***en fait*** elle l'avait oubliée dans son tiroir.

a. L'Opéra Bastille se prétend un opéra populaire : .... les places sont vendues à des prix exhorbitants.
b. Pierre m'a cassé un plat ; .... ça ne m'ennuie pas vraiment car je ne l'aimais pas.
c. On est allé voir le dernier Tavernier comme ils nous l'avaient conseillé et .... c'est un excellent film.
d. Chaque année, le Salon de l'automobile ouvre ses portes au Parc des Expositions et .... il attire toujours un public aussi nombreux.
e. La gare d'Orsay a failli être démolie ; heureusement qu'on n'en a rien fait car .... c'est aujourd'hui un musée superbe.
f. On dit que La Défense se trouve à Paris ; .... ce quartier chevauche trois villes de banlieue.
g. J'ai essayé d'appeler Catherine en vain toute la soirée et .... elle avait débranché son téléphone.
h. Joseph a acheté dix billets de Tac-O-Tac ; .... il n'a rien gagné alors qu'il y croyait dur comme fer.
i. Nous avons suivi vos indications au pied de la lettre et .... nous avons trouvé votre pavillon sans le moindre problème.
j. Émilie était rayonnante hier soir ; .... c'était justifié puisqu'elle est tombée amoureuse d'un garçon formidable.

257 Complétez par *outre* ou *en outre*.

✓ Exemples : Certains secteurs industriels se portent bien : **outre** l'automobile, l'aviation et l'agro-alimentaire affichent une croissance régulière.

Julien est rentré tôt ce soir ; il se sentait fatigué et **en outre** il avait mal à la tête.

a. Les Français ont été déçus par Eurodisney : .... les files d'attente, les tarifs restent prohibitifs.
b. Catherine et Philippe ont échangé leurs adresses .... leurs photos.
c. .... le champagne, Cécile déteste le vin.
d. On a parcouru Carcassonne et on a passé une excellente journée ; .... on a déjeuné dans un bon restaurant.
e. .... le sida, les Français sont préoccupés par le chômage et la drogue.
f. .... les huîtres, ils adoraient la langouste.
g. Sophie s'est acheté une nouvelle robe. .... elle a littéralement craqué pour une paire d'escarpins.
h. .... ses parents, elle avait invité ses beaux-parents, son oncle et sa tante.
i. .... l'anglais et l'espagnol, elle parle couramment l'italien.
j. .... le ménage, la cuisine et l'éducation des enfants, les femmes mènent souvent une vie professionnelle.

BILAN

258 *Rayez ce qui ne convient pas.*

UN DIMANCHE À THOIRY.

Mon jeune cousin Maximilien est venu à Paris ; (quelqu'un/chacun) l'a accompagné chez moi, une amie de sa mère, je crois.

Alors on est parti pour Thoiry. On a vu (tous/plusieurs) lions, une dizaine peut-être, mais des girafes, pas une seule, absolument (certaine/aucune). Par contre, des singes, il y en avait énormément ; ils sautaient autour de la voiture. (Quelques-uns/Aucun) voulaient monter dessus parce qu'on avait apporté des bananes. (Outre/En outre) les lions et les singes, on a vu un hippopotame très placide qui se moquait pas mal de la file de voitures ; (par ailleurs/d'ailleurs) je ne m'en plaignais pas parce que ça peut être vraiment dangereux, un hippopotame. Et puis, on a vu d'autres lions plus loin, à moins que ce ne soient (les autres/les mêmes).

Maximilien n'en revenait pas de voir tous ces animaux en liberté ; (de fait/en fait), il n'y a pas beaucoup de fauves à Saint-Simon ! Il était fasciné (en particulier/par exemple) par les flamants roses qui restent indéfiniment sur une patte. (Enfin/Finalement) on a aperçu un rhinocéros blanc qui semblait bien vieux. A priori, je n'étais pas enthousiasmée par la perspective d'aller à Thoiry mais (enfin/en fait) ce n'était pas du tout désagréable, (outre/en outre) le fait que Maximilien était réellement émerveillé.

Corrigés

I. L'interrogation – La négation – L'interro-négation – L'exclamation

1– soutenu : a. d. f. i. j. — courant : b. c. e. g. h.

2– a. Lis-tu *Le Point* chaque semaine ? — **b.** Pensez-vous que… — **c.** Se sentent-ils … — **d.** Es-tu déjà allé… — **e.** Savez-vous que … — **f.** Les enfants français reçoivent-ils … — **g.** Le Premier ministre a-t-il été nommé… — **h.** Est-ce / Est-il vrai que… — **i.** Saviez-vous qu'un… — **j.** Me croiras-tu si…

3– a. 10 (c) — **b.** 1 (s) — **c.** 6 (c) — **d.** 2 (c) — **e.** 9 (s) — **f.** 7 (c) — **g.** 3 (s) — **h.** 4 (c) — **i.** 5 (c) — **j.** 8 (c).

4– a. À qui écris-tu ? — **b.** Vous lisez quoi… ? / Qu'est-ce que vous lisez… ? — **c.** Tu sors avec qui… ? / Avec qui est-ce que tu sors… ? — **d.** À quoi t'intéresses-tu… ? **e.** De qui parlez-vous ? — **f.** Que prends-tu… ? — **g.** Qu'est-ce que vous choisissez ? / Vous choisissez quoi ? — **h.** De qui te moques-tu ? — **i.** Alice téléphone à qui ? / À qui est-ce qu'Alice téléphone ? — **j.** Vous servez le foie gras avec quoi ? / Avec quoi est-ce que vous servez le foie gras ?

5– Questions possibles : a. Quelle est votre profession ? — **b.** Quelle est votre adresse ? — **c.** Quelle est la situation familiale ? — **d.** Quels sports pratiquez-vous ? — **e.** Quelles musiques écoutez-vous ? — **f.** Quel est votre signe astrologique ? — **g.** Quel est votre chiffre porte-bonheur ? — **h.** Quels genres littéraires lisez-vous ? — **i.** Quelles couleurs préférez-vous ? — **j.** Quel dessert aimez-vous ?

6– a. à quel — **b.** à quelle — **c.** chez quelle — **d.** par quel — **e.** avec quelles — **f.** par quels — **g.** dans quelle — **h.** à quel — **i.** pour quelles — **j.** à quelle.

7– a. 3 — **b.** 3 — **c.** 3 — **d.** 3 — **e.** 3 — **f.** 2 — **g.** 3 — **h.** 2 — **i.** 1/3 — **j.** 3.

8– a. 9 — **b.** 10 — **c.** 4 — **d.** 7 — **e.** 1 — **f.** 5 — **g.** 6 — **h.** 2 — **i.** 3 — **j.** 8.

9– a. Combien de temps avez-vous mis… ? — **b.** Pourquoi est-ce que les enfants ont loué cette maison ? — **c.** Comment prépares-tu ce gâteau ? — **d.** Où est-ce que les Français passent leurs vacances ? — **e.** Dans quel pays Pauline voudrait-elle… ? — **f.** Pourquoi est-ce que vous m'écrivez… ? — **g.** Pour combien de temps pars-tu ? — **h.** D'où Marie vient-elle pour… ? — **i.** À quelle heure le musée Carnavalet ouvre-t-il ? — **j.** Comment écris-tu… ?

a. 3 — **b.** 7 — **c.** 2 — **d.** 4 — **e.** 6 — **f.** 1 — **g.** 10 — **h.** 5 — **i.** 9 — **j.** 8.

10– a. Que souhaiteraient avoir 80 %… ? — **b.** Combien de temps les Françaises consacrent-elles… ? — **c.** Où / dans quel secteur y a-t-il 3,5 fois plus de femmes que d'hommes ? — **d.** Pourquoi les Françaises travaillent-(elles) ? — **e.** Pourquoi le nombre des femmes cadres augmente (-t-il) ? — **f.** Dans quelle école trouvait-on… ? — **g.** De combien était l'écart… ? — **h.** Combien de Français préfèrent-ils… ? — **i.** Quand Edith Cresson a-t-elle été la première femme… ? — **j.** Combien les Françaises dépensent-elles de plus que les hommes pour leur habillement ?

11– Questions possibles : a. Ont-ils déjà bu de la vodka ? — **b.** Lisez-vous toujours les journaux étrangers ? — **c.** Regardez-vous parfois les catalogues de vente par correspondance ? — **d.** Avez-vous encore invité les Dupuy ? — **e.** A-t-elle déjà mis ses escarpins ? — **f.** Avez-vous encore voulu déménager après votre installation à Perpignan ? — **g.** Les enfants veulent-ils encore du chocolat ? — **h.** On a déjà lu ce film ? — **i.** Pense-t-il encore à son accident ? — **j.** A-t-elle quelquefois besoin de son magnétophone ?

12– a. Ne connais-tu pas le programme… ? — **b.** N'as-tu pas acheté… ? — **c.** Vos amis n'ont-ils pas vu… ? — **d.** Nicolas n'aime-t-il pas… ? — **e.** Le musée Rodin n'est-il pas ouvert… ? — **f.** Ne veux-tu pas aller… ? — **g.** Catherine n'est-elle pas lu… ? — **h.** N'avez-vous pas vu… ? — **i.** Ses amis n'iront-ils pas voir… ? — **j.** N'as-tu pas entendu… ?

13– Oui : a. c. e. f. g. i. Si : b. d. h. j.

14– a. moi non — moi si — moi aussi — moi non **b.** moi non plus — moi si — moi aussi — moi non **c.** oui — moi aussi — moi non — moi non plus **d.** non — moi si — moi aussi — moi non **e.** moi aussi — moi non — moi aussi — moi non non plus **f.** non — moi si — moi aussi — moi non — **g.** si — moi aussi — moi non — moi non plus **h.** moi non plus — moi si — moi non aussi — moi non non plus **i.** moi non plus — moi si — moi aussi — moi si. **j.** moi si — moi aussi — moi non — moi si.

15– Questions possibles : a. Tu n'aimes pas les films d'Agnès Varda ? — **b.** Avez-vous vu *Jacquot*… ? — **c.** Tu n'as pas raté l'ouverture… ? — **d.** Vous n'avez pas reçu les invitations… ? — **e.** As-tu visité l'exposition… ? — **f.** Vous connaissez le pavillon… ? — **g.** N'êtes-vous pas allés à la Grande Arche ? — **h.** N'avez-vous pas vu des films à la vidéothèque… ? — **i.** Travaille-t-elle à la bibliothèque… ? — **j.** N'avez-vous pas revu les films de… ?

16– négatives : a. c. f. g. h. j.

17– a. rien — **b.** personne — **c.** rien — **d.** jamais — **e.** personne — **f.** rien — **g.** aucun — **h.** aucune — **i.** nulle part — **j.** rien.

18– a. Personne ne m'a prévenue — **b.** Il ne m'a rien dit — **c.** Il n'a vu personne — **d.** Il n'a rien mangé — **e.** Rien ne l'a contrarié — **f.** Il n'est allé nulle part. **g.** Il n'a rien bu — **h.** Ça ne lui arrive jamais — **i.** Il n'a guère dormi — **j.** Il ne fume plus.

19– a. Ni les fruits ni les légumes ne se vendent… — **b.** (Ils) ne sont gros consommateurs ni de viande ni de produits laitiers — **c.** Ni la vente des surgelés ni celle des conserves ne sont… — **d.** (Elle) ne touche ni le cinéma ni la presse — **e.** Ni l'industrie agro-alimentaire ni la production automobile ne voient… — **f.** Ni la consommation… ni les ventes de prêt-à-porter ne diminuent… — **g.** (Ils) ne considèrent ni le tennis ni le VTT… — **h.** Ni la télévision ni le sport ne sont des activités… — **i.** (Elle) n'est la plus longue ni en France ni au Japon — **j.** Ni les frais de logement ni les dépenses de produits alimentaires ne pèsent…

20– a. aucun — **b.** jamais — **c.** nulle part — **d.** ni l'un ni l'autre — **e.** personne — **f.** rien ne va — **g.** personne — **h.** rien — **i.** je ne souhaite aller ni à l'un ni à l'autre — **j.** aucune.

21– a. Quel beau temps ! Comme il fait beau ! — **b.** Que de fleurs ! — **c.** Comme cette toile est originale ! Quelle originalité ! — **d.** Quelle pluie ! Que cette pluie est violente ! — **e.** Quel paysage magnifique ! Comme ce paysage est magnifique ! — **f.** Quelle grossièreté ! Comme ce vendeur est grossier ! — **g.** Que c'est cher ! Comme cette statuette est chère ! — **h.** Comme il est beau ! Quel bel enfant ! — **i.** Comme cette passante est gentille ! Quelle gentille passante ! — **j.** Comme/que cette broderie est fine ! Quelle fine broderie !

22– a. Que de — **b.** Comme/Que — **c.** Quel — **d.** Comme/Que — **e.** Que de — **f.** Quels — **g.** Que de — **h.** Quel — **i.** Quelles — **j.** Que/Comme.

23– Réponses possibles : a. Comme ce sorbet est bon ! Quel délice ! — **b.** Que tu es belle ! Comme ce tailleur te va bien ! — **c.** Qu'il est beau ! Comme ce bouquet est joli ! — **d.** Quelle arrogance ! Comme ce collègue est arrogant — **e.** Comme elle est laide ! Quelle horreur ! — **f.** Qu'il est moche ! Que c'est laid ! — **g.** Quel roman fantastique ! Comme il est bien écrit ! — **h.** Quelle déception ! Que de pauvreté dans ce débat ! — **i.** Comme j'aime cette chanson ! Quelle belle chanson ! — **j.** Ce film, quel ennui ! Comme je déteste ce genre de film !

24– Bilan : quel/que de — aucune — rien — rien — ni… ni — non — personne — quelqu'un — n'… plus — quelle — quel — ni… ni.

II. Le conditionnel

25– Phrases possibles : a. Je préférerais aller en Bretagne — **b.** On pourrait prendre un taxi — **c.** J'aimerais que vous m'aidiez à déménager — **d.** On pourrait prendre un verre — **e.** Nous souhaiterons quitter plus tôt le vendredi — **f.** On pourrait inviter mes parents… — **g.** On aimerait assister… — **h.** Je voudrais un rendez-vous… — **i.** Pourriez-vous venir lundi… — **j.** Pourriez-vous me donner de la monnaie ?

26– a. Tu ferais du sport… — **b.** Les programmes proposeraient… — **c.** J'en aurais le courage… — **d.** Les Français paieraient… — **e.** Le temps de travail diminuerait… — **f.** On augmenterait… — **g.** Les Parisiens deviendraient… — **h.** Les hommes prendraient part… — **i.** On interdirait… — **j.** Vous liriez…

27– a. La Finlande entrerait… — **b.** On réorganiserait… — **c.** On paierait en écus… — **d.** On enseignerait une deuxième… — **e.** Le Premier ministre proposerait une nouvelle… — **f.** Le permis de conduire serait attribué… — **g.** La Sécurité sociale creuserait… — **h.** Les Français se préoccuperaient… — **i.** Les touristes seraient plus attirés… — **j.** Les femmes souffriraient…

28– *À votre place* **a.** je fumerais moins… — **b.** je me reposerais… — **c.** je ne prendrais pas de… — **d.** je n'emporterais pas… — **e.** je me changerais… — **f.** je compterais davantage sur… — **g.** j'envisagerais… — **h.** je demanderais… — **i.** je m'entourerais… — **j.** je serais…

29– a. auriez — **b.** aurions — **c.** serais — **d.** auraient — **e.** aurait — **f.** serions — **g.** aurait — **h.** aurais — **i.** seriez — **j.** aurais.

30– a. Vous auriez dit… — **b.** Elle aurait fait… — **c.** Je serais devenue… — **d.** On aurait cru… — **e.** Ils seraient morts… — **f.** Tu aurais été peinée… — **g.** Ils auraient pu… — **h.** J'aurais vu… — **i.** Vous auriez semblé… — **j.** Elles seraient allées…

31– a. J'aurais compris — **b.** Vous croiriez — **c.** On aurait lu — **d.** Nous finirions — **e.** Elles seraient parties — **f.** On entendrait — **g.** Tu aurais craint — **h.** Ils tomberaient — **i.** J'aurais écrit — **j.** Vous apprendriez.

32– Phrases possibles : a. Non, mais j'aurais entendu sans la radio — **b.** Non, mais ils auraient téléphoné avec une télécarte — **c.** … j'aurais lu sans ce film à la télé — **d.** … il l'aurait suivi sans son mal de tête — **e.** … Elles auraient travaillé avec une musique plus douce — **f.** … j'aurais réussi avec plus de travail — **g.** … j'aurais répondu juste à la question avec plus de réflexion — **h.** … on l'aurait terminé sans ces grèves — **i.** … elle aurait pris des notes dans le calme — **j.** … on l'aurait traduit avec un interprète.

33– a. il aurait fait du ski — **b.** … ils se seraient inscrits à une visite guidée — **c.** … tu serais resté chez toi — **d.** … ils auraient suivi… les cours — **e.** … il se serait davantage appliqué… — **f.** … nous serions allés au cinéma — **g.** … elle aurait étudié l'espagnol — **h.** … il serait parti en vacances… — **i.** … vous auriez moins mangé — **j.** … elle aurait téléphoné…

34– a. … je n'aurais pas compris le problème — **b.** Sans l'argent de mon frère, je n'aurais pas acheté cet appartement — **c.** Sans sa voisine, elle ne serait pas partie… — **d.** Sans son magnétoscope, il n'aurait pas vu… — **e.** Sans le garagiste, ils n'auraient pas repris… — **f.** Sans notre abonnement, nous n'aurions fait… — **g.** Sans la neige, les stations n'auraient pas accueilli — **h.** Sans l'ascenseur, elle ne serait pas montée… — **i.** Sans sa volonté, elle n'aurait pas gagné… — **j.** Sans votre appel, on ne lui aurait pas souhaité…

35– a. (Il) aurait eu des… — **b.** (Il) serait venu… — **c.** (Il) aurait employé… — **d.** (Il) aurait pris… — **e.** (Il) aurait donné… — **f.** (Elle) n'aurait pas fait… — **g.** (Elle) aurait perdu… — **h.** (Elle) aurait pris… — **i.** (Elle) aurait été sabotée — **j.** (Il) aurait perdu…

36– a. Je ne pensais pas qu'il l'aurait réussi — **b.** Je ne pensais pas qu'ils m'auraient téléphoné… — **c.** … qu'ils se seraient déroulés… — **d.** … qu'il aurait ouvert… — **e.** … qu'il aurait été… — **f.** … qu'ils se seraient mariés… — **g.** qu'il se serait construit… — **h.** qu'ils auraient fleuri… — **i.** … qu'il aurait reçu … — **j.** … qu'elle se serait terminée…

37– a. vous seriez arrivé en retard. — **b.** elle me l'aurait vendu… — **c.** elle aurait été… — **d.** tu aurais vu… — **e.** on ne se serait pas rencontré… — **f.** on ne serait jamais sorti… — **g.** vous n'auriez pas pu… — **h.** tu leur aurais conseillé… — **i.** on serait venu… — **j.** je t'aurais prévenu…

38– a. il t'achèterait / il aurait gagné — **b.** ils prendraient / ils se seraient mariés — **c.** nous partirions / (elle) aurait téléphoné — **d.** (elle) irait / elle aurait terminé — **e.** tu viendrais / (ils) seraient partis — **f.** je vous écrirais / j'aurais reçu — **g.** on communiquerait / (il) aurait délibéré — **h.** nous signerions / vous l'auriez lu — **i.** (elle) retravaillerait / elle se serait installée — **j.** je prendrais / j'aurais fini.

39– a. je n'aurais pas voulu qu'on le sache — **b.** (il) la… lui aurait dite — **c.** nous ne l'aurions pas critiqué non plus — **d.** toi, tu ne l'aurais pas faite — **e.** (elle)… ne les aurait pas invités — **f.** je n'y aurais pas répondu — **g.** nous aurions été d'accord avec elle — **h.** (elles)… n'auraient pas eu le temps d'y aller — **i.** je ne les aurais pas acceptées — **j.** (il)… ne l'aurait pas supporté.

40– a. (il) aurait été félicité s'il avait écrit… — **b.** (il) aurait été élu s'il avait présenté… — **c.** (elle) aurait été engagée si elle avait parlé… — **d.** (il) aurait été diffusé s'il avait été… — **e.** (il) aurait été épuisé s'il s'était vendu… — **f.** (il) aurait été tué s'il n'avait pas attaché… — **g.** (il) aurait été invité s'il avait accepté… — **h.** (elles) auraient été déneigées si elles avaient été plus fréquentées… — **i.** (elle) aurait été enregistrée si elle en avait valu… — **j.** Ils auraient été communiqués s'ils avaient été officiels.

41– a. changerait — **b.** rentrerons — **c.** auriez connu — **d.** passera — **e.** auriez-vous pris — **f.** écriras — **g.** dirait — **h.** ne tomberiez pas — **i.** irai — **j.** n'assisteraient pas.

42– a. irons / passe — **b.** achète – achèterai / vit — **c.** auriez eu / aviez fait — **d.** ferme / joueront — **e.** auriez pu / avait prévenus — **f.** finis / auras — **g.** avait écouté / aurait appris — **h.** irons / permet — **i.** choisirez / tenez — **j.** je serais rentré / avais dit.

43– a. 4 — **b.** 1 — **c.** 3 — **d.** 2 — **e.** 10 — **f.** 7 — **g.** 5 — **h.** 6 — **i.** 8 — **j.** 9.

44– a. avais dit — **b.** achèterait — **c.** n'auriez pas rencontré — **d.** acceptera — **e.** demandait — **f.** pourriez — **g.** permet — **h.** connaissiez — **i.** était venu — **j.** aurais offert.

45– Bilan : a. vivrais — **b.** aurais — **c.** verrais — **d.** serais — **e.** m'embarrasserais — **f.** aurais poursuivi — **g.** ne me serais pas mariée — **h.** me serais consacrée — **i.** serais partie — **j.** aurais étudié — **k.** serais allée — **l.** pourrais — **m.** aurait été.

III. Les temps du passé

46– a. aperçu — **b.** fiancés — **c.** absentée — **d.** préparé — **e.** écrit — **f.** promenée — **g.** disputés — **h.** acheté — **i.** endormis — **j.** cassé.

47– a. reçu / promise — **b.** pris / présentés — **c.** portée / trouée — **d.** cru — **e.** rangés — **f.** préparé — **g.** mangé — **h.** invités — **i.** compté — **j.** adoré / vue.

48– a. Comme mon collègue avait eu un accident…, il est venu… — **b.** Comme nous avions beaucoup travaillé…, nous avons fait… — **c.** Comme j'avais appris la bonne…, j'ai téléphoné… — **d.** Comme tu avais pris… tu es rentré… — **e.** Comme les enfants étaient allés…, ils ont passé… — **f.** Comme vous aviez voulu connaître…, vous êtes venu(s)… — **g.** Comme elle n'avait pas répondu…, elle m'a téléphoné — **h.** Comme nous n'avions pas fait… nous avons dîné… — **i.** Comme on avait passé…, on s'est couché très tôt — **j.** Comme il était venu…, il m'a envoyé…

49– a. a fait / avait annoncé — **b.** voulait / avait mangé — **c.** a pas dit / était partie — **d.** relisait / avait tapées — **e.** as pas appris / m'étais marié — **f.** ai compris / avais expliqué — **g.** répétait / avait confié — **h.** avait obtenu / a eu — **i.** a avoué / avait organisé — **j.** a commencé / avait terminé.

50– Réponses possibles : a. a débuté / avait inauguré — **b.** n'avait jamais entendu / souhaitait — **c.** a remplacé / avaient construit — **d.** avaient recouvert / a enduit — **e.** avait prévu / se sont révélés — **f.** a pu / pouvait — **g.** n'a pas défiguré / avaient craint — **h.** n'avait pas reçu — **i.** a attribué — **j.** a rendu.

51– a. a révélé / connaissait — **b.** a / avait écrit — **c.** ont remplacé — **d.** a été / avait écrit — **e.** a consenti — **f.** ont redessiné / avait ravagée — **g.** avait instaurée — **h.** a racheté — **i.** ont inspiré — **j.** ont produit.

52– a. 1/3 — **b.** 1/3 — **c.** 1 — **d.** 3 — **e.** 3 — **f.** 1/2/3 — **g.** 2/3 — **h.** 2/3 — **i.** 3 — **j.** 2/3.

53– a. a été / a entraîné — **b.** j'ai choisi / je voulais — **c.** était limitée — **d.** représentait — **e.** a été abolie — **f.** appartenait — **g.** représentait — **h.** est entrée — **i.** avait inventé — **j.** était.

54– a. elle demanda — **b.** on voulut — **c.** ils marchèrent — **d.** il plut — **e.** elle put — **f.** on dut — **g.** elles devinrent — **h.** on suivit — **i.** ils finirent — **j.** elle mourut.

55– a. elles sortirent — **b.** il vint — **c.** vous fîtes — **d.** on eut — **e.** ils arrivèrent — **f.** je travaillai — **g.** il réussit — **h.** ils se marièrent — **i.** elle dit — **j.** je pris.

56– a. ils voulurent — **b.** elle décida — **c.** (il) escalada — **d.** elle se mit — **e.** (ils) commencèrent — **f.** (il) interrogea — **g.** il plut — **h.** ils se marièrent / eurent — **i.** (elle) devina — **j.** (ils) pénétrèrent.

57– a. voulut — **b.** crurent — **c.** voyagea — **d.** marchai — **e.** ne put pas — **f.** se dirigèrent — **g.** se couvrit — **h.** furent — **i.** prit — **j.** entassèrent.

58– a. (ils) découvrirent — **b.** (elle) resta — **c.** (il) continua — **d.** (il) libéra — **e.** (il) reçut — **f.** (elle) apparut — **g.** (il) mourut — **h.** (ils) reçurent — **i.** (elle) atteignit / (on) revit — **j.** (on) projeta.

59– alla — découvrit — poussa — entra — s'assit — goûta — essaya — atteignit — cassa — but — aperçut — poussa — retrouva — tâta — s'endormit — rentrèrent — s'apprêtèrent — découvrirent — réveilla — eut — sauta — courut.

60– a. furent / descendaient — **b.** vécut — **c.** se battit — **d.** dura — **e.** délivra — **f.** appartenaient / devinrent — **g.** jouissaient / prirent — **h.** durait / correspondit — **i.** arriva – arrivait / était — **j.** organisa / allait.

61– a. traversa — **b.** organisait — **c.** dirigeait — **d.** eut lieu — **e.** mourut / mourait — **f.** fermaient — **g.** autorisa — **h.** faisait — **i.** commençaient — **j.** découvrit.

62– a. Tu fus sorti — **b.** Elle eut terminé — **c.** On eut compris — **d.** Nous eûmes fait — **e.** J'eus remis — **f.** Vous eûtes promis — **g.** Ils eurent acheté — **h.** Tu eus avoué — **i.** Il fut parti — **j.** Elle eut mangé.

63– a. fut-il tombé — **b.** ne fut pas plutôt adoptée — **c.** ne fut pas plutôt proclamée — **d.** eut-il commencé — **e.** ne fut pas plutôt élu — **f.** eut-il terminé — **g.** n'eut pas plutôt publié — **h.** eut-il achevé — **i.** ne furent pas plutôt démolies — **j.** eut-il édifié.

64– a. eut terminé / se mit — **b.** eurent refermé / éclatèrent — **c.** commença / eut ramassé — **d.** organisa / eurent coupé — **e.** eut cessé / se montra — **f.** eurent vidé / se dispersèrent — **g.** eut terminé / s'endormit — **h.** se leva / eut avalé — **i.** eut séché / ramassèrent — **j.** eut éclaté / rentrèrent.

65– a. 3 — **b.** 1 — **c.** 1/2 — **d.** 3 — **e.** 2 — **f.** 2 — **g.** 1 — **h.** 1 — **i.** 2 — **j.** 1/3.

66– a. que ce matin, ils s'étaient levés très tôt — **b.** qu'aujourd'hui elle avait prévu… — **c.** si on avait vu / j'avais vu mes parents la semaine passée — **d.** ce que j'avais fait… — **e.** qu'ils avaient reçu leurs meubles la semaine dernière — **f.** qu'avant-hier vous étiez à… — **g.** qu'elle avait rencontré Florence samedi — **h.** combien de bocaux j'avais faits aujourd'hui — **i.** que l'année dernière, il n'avait pas eu de… — **j.** ce que nous avions fait le week-end dernier.

67– a. que la semaine suivante elle prendrait… — **b.** que cette semaine il n'y a pas… — **c.** que j'avais joué du piano quelques années auparavant — **d.** acheter une maison l'année prochaine — **e.** le mois dernier ils ont eu une bonne surprise — **f.** qu'il envisage de rentrer en France dans 10 ans — **g.** qu'à ce moment-là, elle travaillait… — **h.** que ce jour-là ils n'étaient pas… — **i.** qu'avant-hier matin, vous avez fait du ski. — **j.** que dans trois mois ils changeront d'adresse.

68– a. Hier Antoine m'a demandé avec qui je partais en vacances — **b.** Hier Nathalie m'a dit qu'elle ne connaissait pas la Corse — **c.** Hier Pauline m'a dit qu'elle détestait les chiens — **d.** Hier Christine m'a demandé si j'avais des bijoux… — **e.** Hier M. Martin m'a demandé si le bilan était prêt. — **f.** Hier Olivier m'a dit qu'il faisait du ski nautique. — **g.** Mme Garo m'a dit qu'elle pouvait me prêter… — **h.** Vincent m'a demandé si je voulais sortir avec lui — **i.** Paul m'a demandé ce que je ferais à la rentrée. — **j.** Alain m'a dit qu'il partait / partirait le mois suivant…

69– a. Elle a dit qu'elle adorait / qu'elle avait adoré — **b.** Ils ont dit qu'ils avaient accueilli… — **c.** Tu as dit que tu devrais… — **d.** J'ai dit que j'avais dû… — **e.** Elles ont dit qu'elles avaient été expulsées… — **f.** Elle a dit qu'elle devrait… — **g.** On a dit qu'il transporterait… — **h.** J'étais certain qu'il aurait oublié… — **i.** On m'a dit qu'on avait allumé… — **j.** Ils ont dit qu'ils avaient pensé…

70– a. Elle m'a demandé ce que j'avais préféré… — **b.** Elle m'a demandé si j'étais allée… — **c.** Elle m'a dit qu'elle espérait que j'avais été… — **d.** Elle m'a demandé si j'avais trouvé… — **e.** Elle m'a dit qu'elle avait toujours regretté… — **f.** Elle m'a dit que son mari était originaire… — **g.** mais qu'il ne se plaisait… — **h.** Elle m'a demandé combien de temps j'y avais passé — **i.** Elle m'a dit qu'elle aimerait…— **j.** Alors elle m'a demandé si la prochaine fois je voudrais bien l'…

71– a. a dit / était — **b.** a affirmé / était — **c.** ont considéré / s'était rendu — **d.** a dit / trouvait — **e.** ont constaté / représentait — **f.** a cru – crut / a été – fut — **g.** ont fait dire / était — **h.** a mis / pouvait — **i.** ont chanté / étaient — **j.** avait.

72– Bilan : était — commandait — fut arrêté — avoua — fut condamné — fut commuée — s'était rétracté — avait prétendu — fut libéré — mourut — n'a jamais réussi.

IV. Les pronoms personnels compléments

73– a. j'en ai parlé — **b.** je n'en ai pas besoin — **c.** elles s'occupent bien de lui — **d.** je vais en faire — **e.** j'en prends bientôt — **f.** je ne me suis pas adressé à elle — **g.** j'en prends un peu — **h.** je ne lui ai pas répondu — **i.** je m'occupe de lui — **j.** je rêve d'elle.

74– a. Tu leur rendras la radio — Tu la leur rendras — **b.** Il t'a demandé les places — Il te les a demandées — **c.** Nous lui remettons ces documents — Nous les lui remettons — **d.** Je vous apprends la nouvelle — Je vous l'apprends — **e.** Vous me souhaitez un joyeux – Vous me le souhaitez — **f.** Tu lui dessinais ta maison — Tu la lui dessinais — **g.** Il vous conseille un régime — Il vous en conseille un — **h.** Nous leur échangions des cartes – Nous leur en échangions — **i.** Il ne lui achète pas les jouets – Il ne les lui achète pas. — **j.** Je lui répare le vélo – Je le lui répare.

75– a. Non, il ne me le prête pas — **b.** Non, nous ne vous y accompagnons pas — **c.** Oui, je vous les présenterai — **d.** Oui, je les y emmènerai — **e.** Non, on ne nous y conduira pas.. — **f.** Oui, ils le leur feront visiter — **g.** Non, je ne leur en prendrai pas deux. — **h.** Oui, nous vous y attendrons — **i.** Oui, vous m'en réservez une — **j.** Non, je ne te les montrerai pas.

76– a. 1 — **b.** 3 — **c.** 3 — **d.** 2 — **e.** 3 — **f.** 1 — **g.** 3 — **h.** 2/3 — **i.** 1 — **j.** 3.

77– a. Vous devrez l'y mettre — **b.** On pense vous la dire toujours — **c.** Tu préfères me les rendre — **d.** Je crois m'en moquer — **e.** Elle saura l'en convaincre — **f.** Nous irons les y accompagner — **g.** Ils voudront le lui demander — **h.** Je pourrai l'y ajouter — **i.** Elle avoue nous en demander une — **j.** Nous avons reconnu / nous reconnaissons vous l'avoir empruntée.

78– a. en sont fiers — **b.** s'occupe d'eux — **c.** en est satisfait — **d.** s'en moquent — **e.** en ai entendu parler — **f.** se souvient de lui — **g.** a besoin d'elles — **h.** en a peur — **i.** se moquer d'eux — **j.** s'en soucie.

79– a. 1 — **b.** 2 — **c.** 1 — **d.** 2 — **e.** 2 — **f.** 2 — **g.** 1 — **h.** 2 — **i.** 1 — **j.** 1.

80– a. 1 — **b.** 2 — **c.** 2 — **d.** 2 — **e.** 1 — **f.** 2 — **g.** 2 — **h.** 2 — **i.** 2 — **j.** 1.

81– a. y consacrent — **b.** s'occupent d'eux — **c.** s'en préoccupent — **d.** y tiennent — **e.** plaindre à lui — **f.** pensez à eux — **g.** y sont attachés — **h.** d'y renoncer — **i.** a tous affaire à eux — **j.** prenez garde à eux.

82– a. 2 — **b.** 3 — **c.** 3 — **d.** 1 — **e.** 3 — **f.** 3 — **g.** 3 — **h.** 1 — **i.** 3 — **j.** 3.

83– a. Oui, ils y tiennent — **b.** Ils s'en moquent — **c.** Ils sont attachés à lui — **d.** Ils y font attention. — **e.** Ils se plaignent d'eux — **f.** Ils en parlent. — **g.** Ils s'y intéressent — **h.** Il ne s'adresse pas souvent à eux — **i.** Elle n'y renonce pas — **j.** Elles s'en méfient.

84– a. 8 — **b.** 4 — **c.** 10 — **d.** 1 — **e.** 5 — **f.** 2 — **g.** 6 — **h.** 3 — **i.** 7 — **j.** 9.

85– Réponses possibles : a. Il ne leur a pas plu. — **b.** Je trouve qu'il lui ressemble — **c.** Je n'ai pas oublié de le lui donner / Je ne l'ai pas oublié — **d.** Je ne lui ai pas répondu — **e.** Elle la lui a posée — **f.** Ils s'habituent à lui — **g.** On le leur demande souvent — **h.** Je ne la leur adresse jamais — **i.** Je ne lui ai pas écrit — **j.** Ils le leur ont proposé.

86– Phrases possibles : a. On s'adapte à lui — **b.** Elle leur plaît — **c.** Ils leur ressemblent — **d.** Je lui souris — **e.** Ils ne sont pas attachés à lui — **f.** Ils ne se préoccupent pas d'elles — **g.** Il le leur fait visiter — **h.** Il ne le leur explique pas — **i.** Nous le leur enseignons — **j.** On a eu affaire à lui.

87– a. Vous le dites — **b.** Il me l'a demandé — **c.** On nous l'a demandé — **d.** Il nous l'a proposé — **e.** Ils le lui ont assuré — **f.** Il l'a nié — **g.** Je viens de le comprendre — **h.** Ils me l'ont recommandé — **i.** Elle nous l'a dit — **j.** Je vous le conseille.

88– Pronoms à conserver : a. en — **b.** y — **c.** y — **d.** en — **e.** en — **f.** en — **g.** y — **h.** en — **i.** y — **j.** en.

89– a. Oui, il l'a compris — **b.** Il l'accepte — **c.** Ils en ont été avertis — **d.** Ils souhaitent y assister — **e.** On le leur a expliqué — **f.** Ils l'ont demandé — **g.** On le pense — **h.** On peut le supposer — **i.** On ne le veut pas — **j.** On le croit.

90– Questions possibles : a. On t'a averti qu'on partirait de Lyon et non de Paris ? — **b.** Es-tu favorable à ce changement ? — **c.** Tu ne t'opposes pas à cette nouvelle organisation ? — **d.** Tu te moques aussi de ce délai de 24 heures ? — **e.** Tu as vraiment envie de partir ? — **f.** Tu t'attends à ce qu'on doive passer une nuit à Lyon ? — **g.** Tu es averti que ce sera à ta charge ? — **h.** Tu n'as pas l'intention d'écrire une lettre de réclamation ? — **i.** Tu ne t'intéresses pas aux clauses du contrat ? — **j.** Tu ne t'es pas assuré des dates de retour ?

91– a. J'en suis convaincue — **b.** Elle l'exige — **c.** Elles ne s'en souviennent pas — **d.** Elle n'y tient pas — **e.** Je ne le pense pas — **f.** On s'y est habitué — **g.** Il ne le supporte pas — **h.** J'y suis disposée — **i.** Je m'en inquiète — **j.** Ils ne s'y intéressent pas.

92– Réponses possibles : a. Je n'en suis pas certain — **b.** Je te le jure — **c.** Elle en a l'impression — **d.** Je peux vous y aider / Je le peux — **e.** Il le prétend — **f.** J'en suis persuadé — **g.** Ils l'affirment — **h.** Elles le souhaitent — **i.** On vous y invite — **j.** Elle le reconnaît.

93– Bilan : lui parler — le déranger — pourriez-vous lui en faire part — je m'y engage — voulez-vous me le donner — que vous m'en prépariez un gros au chocolat — vous m'y faites penser — j'y tiens — vous y tenez — j'en prends note — saura vous le préparer — passer la prendre.

V. Les pronoms relatifs

94– a. Anne a trouvé au supermarché le dernier roman de Quefellec dont tu lui avais parlé la semaine dernière. — **b.** La gagnante du jeu "La chance tourne", auquel vous avez été nombreux à participer, s'appelle Anaïs Beauregard. — **c.** Le château à côté duquel vous pourrez monter votre tente se trouve dans le Périgord. — **d.** La vieille dame à qui il s'est adressé lui a paru immédiatement bizarre. — **e.** Une voiture anglaise dont nous avons relevé le numéro d'immatriculation a dépassé la bande blanche à l'entrée du village. — **f.** Après les élections, Julien a eu le plaisir de serrer la main du candidat pour lequel il avait voté. — **g.** Catherine m'a rendu le livre sur la musique de Boris Vian que je lui avais prêté il y a quelques mois. — **h.** La proportion d'automobilistes qui conduisent sans assurer leur véhicule est plus importante qu'on ne le pense. — **i.** La maison à laquelle je pense est située sur la colline près du petit pont. — **j.** Les outils dont Jacques ne s'est jamais servi ont rouillé au fond de la cabane de jardin.

95– a. ce que — **b.** ce dont — **c.** ce dont — **d.** ce qui — **e.** ce qui — **f.** ce que / ce qu' — **g.** ce qui — **h.** ce que — **i.** ce dont — **j.** ce qu'.

96– a. qu'il — **b.** qui l' — **c.** qu'il — **d.** qu'il — **e.** qui l'— **f.** qu'il — **g.** qui l'— **h.** qui l'/ qui le — **i.** qui l'— **j.** qui l'.

97– a. ce dont — **b.** ce dont — **c.** ce à quoi — **d.** ce dont — **e.** ce dont — **f.** ce à quoi — **g.** ce dont — **h.** ce dont — **i.** ce dont — **j.** ce à quoi.

98– a. sur quoi — **b.** sans quoi — **c.** à quoi — **d.** à quoi — **e.** à quoi — **f.** à quoi — **g.** à quoi — **h.** à quoi — **i.** par quoi — **j.** par quoi.

99– a. 3 — **b.** 1 — **c.** 6 — **d.** 4 — **e.** 5 — **f.** 2 — **g.** 10 — **h.** 7 — **i.** 9 — **j.** 8.

100– a. Brigitte a passé trois ans à Barcelone au cours desquels elle a… — **b.** (Il) a fait beaucoup de promesses parmi lesquelles une meilleure… — **c.** Il passe un concours à la suite duquel… — **d.** Vous prenez la première rue à droite au bout de laquelle il y a… — **e.** Emma a perdu son ours en peluche avec lequel elle aimait… — **f.** Faites attention à la date limite au-delà de laquelle vous paierez… — **g.** C'est un beau chemin tout au long duquel il y a… — **h.** Les Lavigne sont de très bons amis sur lesquels on peut… — **i.** C'est une guerre injuste contre laquelle il faut… — **j.** Sylvie a reçu beaucoup de fleurs au milieu desquelles il y avait…

101– a. à laquelle — **b.** dans lequel — **c.** avec lesquelles — **d.** par lequel — **e.** sur lequel — **f.** auquel — **g.** sur laquelle — **h.** auxquels — **i.** sur lesquelles — **j.** avec / pour lesquels.

102– Phrases possibles : a. elle avait envie — **b.** nous sommes arrivés en retard. — **c.** vit Jacques Dutronc — **d.** je suis partie en vacances — **e.** on a aménagé des espaces verts — **f.** il fait bon vivre — **g.** tu cherchais depuis si longtemps — **h.** tu nous avais parlé — **i.** il est difficile de répondre — **j.** vous reconnaîtrez celle de la Callas.

103– a. sur laquelle — **b.** contre lequel — **c.** avec lesquels — **d.** pour lequel — **e.** avec lesquels — **f.** sans laquelle — **g.** derrière lesquelles — **h.** pour laquelle — **i.** avec lesquels — **j.** sur lequel.

104– a. Les chiens à cause desquels des sommes considérables sont dépensées pour nettoyer les trottoirs représentent en ville un réel fléau. — **b.** On a établi des statistiques sur l'audimat à partir desquelles on organise… — **c.** Christophe Dechavanne dont le directeur de TF1 était très content a animé… — **d.** La Grande Bibliothèque en face de laquelle se dresse l'imposant ministère des Finances est bâtie… — **e.** Le 8 février 92 s'est déroulée la cérémonie d'ouverture des jeux Olympiques d'hiver à Albertville, au cours de laquelle le chorégraphe… — **f.** L'hymne national français met en avant certaines formules très guerrières à cause desquelles on envisage… — **g.** En 1988, les Françaises dont la journée de travail… représentaient 42,5 % de la population active. — **h.** La Mer Méditerranée, au bord de laquelle s'étendent des kilomètres de plages attire… — **i.** Leur maison était entourée d'un joli jardin près duquel coulait… **j.** C'est une chance formidable dont les parents de Claire ne sont pas convaincus qu'elle se rende compte.

105– a. La réunion à cause de laquelle Jacques est rentré tard s'est tenue en province — **b.** Dans la cité près de laquelle nous vivons, les équipements… — **c.** Une loi sous l'effet de laquelle les harceleurs seront désormais passibles d'une amende vient d'être votée contre… — **d.** Le Concorde à bord duquel les passagers ont vécu… vient de remporter… — **e.** Le permis de conduire à points à cause duquel les camionneurs… peu populaire en France — **f.** L'Électricité de France au sein de laquelle 119 200 personnes… — **g.** En octobre 92, le Grand Palais à l'intérieur duquel les amateurs d'art… — **h.** La tour Eiffel au pied de laquelle se pressent chaque année… — **i.** Un nouvel album de chansons de Juliette Gréco auxquelles peu de gens restent insensibles vient de sortir — **j.** Certains villages de Savoie loin desquels les jeunes générations…

106– a. auquel — **b.** de laquelle — **c.** auxquelles — **d.** desquelles — **e.** desquels — **f.** auxquels — **g.** auxquelles — **h.** desquelles — **i.** à laquelle — **j.** auxquels

107– a. as travaillé — **b.** aient laissé — **c.** irait — **d.** devra — **e.** suis — **f.** accepteriez — **g.** avais dit — **h.** ont — **i.** avait cassé — **j.** ayez commis.

108– a. C'est de la première fusée Ariane 4 qu'a eu lieu le lancement… — **b.** C'est pour la création du futur… Hermès que l'Allemagne, la France… — **c.** C'est en 1987 qu'on a enregistré… — **d.** C'est grâce aux accords de Matignon, signés en 1936 que le travail… — **e.** C'est depuis 1982 que la semaine… — **f.** C'est la nouvelle petite Renault dont la présentation a suscité… au Mondial de l'automobile — **g.** C'est à Boulogne-Billancourt que Louis Renault en 1898 fabrique… — **h.** C'est la France qui bat en 1991 des records… — **i.** C'est le chômage qui, en France, touche les jeunes plus que les autres classes d'âge. — **j.** C'est aux Européens que l'écu devrait bientôt permettre de…

109– Bilan : qui — où — qu'— qu'— lesquels — à qui — auxquels — que — dont — dont— que — laquelle — quoi.

VI. Les constructions verbales

110– Pluriel possible : c. e. f. g.

111– a. Il pleut continuellement — **b.** Il vente / Il fait mauvais temps / Il souffle des vents de force 4 — **c.** Il a gelé — **d.** Il fera doux — **e.** Il fera jour à 5 h 03 — **f.** Il fera nuit à 21 h 55 — **g.** Il fait beau / soleil — **h.** Il tonne — **i.** Il bruine — **j.** Il fera chaud à Avignon.

112– a. Il s'est produit un événement étrange… — **b.** Il meurt beaucoup d'automobilistes… — **c.** Il suffit d'un sourire… — **d.** Il ne se passe pas un jour… — **e.** Il existe toujours une solution… — **f.** Il est arrivé un accident… — **g.** Il s'est créé une association… — **h.** Il manque Philippe à notre réunion… — **i.** Il suffit de peu d'argent pour… — **j.** Il est resté du chocolat…

113– a. Il se loue du matériel de bricolage… — **b.** Il se boit de moins en moins de vin… — **c.** Il se consomme davantage de produits… — **d.** Il a été créé une association… — **e.** Il a été décrété que l'abus… — **f.** Il se prend moins de jours de congés… — **g.** Il est prévu un allègement… — **h.** Il est accordé une importance croissante… — **i.** Il a été attribué une aide… — **j.** Il se fabrique de plus en plus d'appareils.

114– a. 5/8 — **b.** 7/10 — **c.** 2 — **d.** 2/3/6/7/10 — **e.** 1 — **f.** 1/2/9 — **g.** 1/4/9 — **h.** 5/8 — **i.** 5/6/8 — **j.** 3/10.

115– a. de — **b.** de — **c.** à — **d.** à / de — **e.** de — **f.** à — **g.** de — **h.** à — **i.** de — **j.** à / à.

116– a. de — **b.** à — **c.** à / de — **d.** de / à — **e.** d'— **f.** à / d'— **g.** de — **h.** à / de — **i.** à / de — **j.** d'/ à.

117– À = a. d. g. DE = b. c. e. f. h. i. j.

118– a. J'interdis à Simon d'aller chez les Pello — **b.** Je promets à Anna de venir l'aider — **c.** J'ordonne aux soldats de faire une ronde — **d.** Je recommande aux enfants de prendre un bain… — **e.** Je conseille à ma sœur de voir ce film —

f. Je crie par la fenêtre à Valentine d'acheter… — **g.** Je défends aux lycéens de fumer… — **h.** Je demande à Victor de chercher… — **i.** Je force Mathilde à rester à table — **j.** Je rappelle à Richard de rentrer dès la fin.

119– Phrases possibles : a. prendre sa décision — **b.** pour comprendre l'esprit d'avant-guerre **c.** limiter la consommation d'alcool — **d.** faire du ski — **e.** rater le train de 20 h 04 — **f.** avoir compris la blague — **g.** avoir attaqué une vieille femme — **h.** faire pendant les vacances — **i.** utiliser le minitel — **j** avoir éteint toutes les lampes.

120– a. de — **b.** sans — **c.** de / pour — **d.** pour — **e.** de — **f.** sans — **g.** avant de / de — **h.** pour — **i.** à — **j.** afin de / pour.

121– Formules correctes : a. de rater — **b.** avant de lire — **c.** à faire — **d.** de louer — **e.** à te décider — **f.** de nous livrer — **g.** de coopérer — **h.** de se pencher — **i.** de dire — **j.** d'acheter.

122– a. Il est important qu'Émilie téléphone… — **b.** Il est préférable que vous vous renseigniez… — **c.** Il est essentiel qu'elles passent… — **d.** Il est souhaitable que nous venions… — **e.** Il est inévitable qu'elle garde… — **f.** Ce n'est pas ennuyeux qu'ils doivent… — **g.** C'est obligatoire que vous vous soyez inscrite… — **h.** C'est bien que nous ayons invité… — **i.** C'est inespéré qu'elle ait commencé… — **j.** C'est une bonne idée qu'ils aient préparé…

123– a. aies mal répondu — **b.** fassent — **c.** soyez venu(s) — **d.** portions — **e.** ait — **f.** se réunisse — **g.** se soient absentés — **h.** soient — **i.** ayez tenu tête — **j.** aies fait.

124– a. Il a demandé que tu prennes… — **b.** Il a insisté pour que tu sois… — **c.** Il a tenu à ce que tu saches… — **d.** Il a recommandé que vous connaissiez… — **e.** Il a proposé que vous alliez… — **f.** Il a refusé que vous sortiez… — **g.** Il a insisté pour qu'elles boivent… — **h.** Il a voulu qu'elles mettent… — **i.** Il a toléré qu'on parte… — **j.** Il n'a pas admis qu'on en fasse…

125– a. Elle ne croit pas que vous ayez déménagé — **b.** Il est impossible qu'on ait cambriolé… — **c.** Il a du mal à croire qu'Émilie soit devenue… — **d.** Il est peu probable que Jean ait conduit… — **e.** Je doute que les Rita Mitsouko aient sorti… — **f.** Il semble que le divorce de Pauline se soit bien terminé — **g.** Il se peut que vous n'ayez pas payé… — **h.** Il est possible que nous n'ayons pas été avertis… — **i.** Je ne peux pas croire que tu n'aies pas eu le droit… — **j.** Ce n'est pas possible qu'on se soit promené…

126– a. 3 — **b.** 1 — **c.** 2 — **d.** 3 — **e.** 3 — **f.** 2 — **g.** 2 — **h.** 2 — **i.** 3 — **j.** 2.

127– Phrases possibles : a. regrette qu' — **b.** veut que — **c.** suis sûr que — **d.** craint que — **e.** faut que — **f.** pensons que — **g.** se peut que — **h.** s'aperçoit que — **i.** crois que — **j.** assurent qu'.

128– a. 2/3 — **b.** 1/2 — **c.** 1/2 — **d.** 1/2 — **e.** 1/3 — **f.** 2/3 — **g.** 2/3 — **h.** 1/2 — **i.** 2/3 — **j.** 1/3.

129– a. a été absent / était absent — **b.** que le trafic aérien a augmenté — **c.** que Delphine guérisse… — **d.** qu'elle soit à l'heure — **e.** que Jacqueline arrive — **f.** que Nicolas est innocent — **g.** que les Rousseau viennent / viendront— **h.** que les pays européens participeront — **i.** que Gainsbourg était mort — **j.** que le journal *L'Aurore* ait disparu.

130– a. à ce qu' — **b.** que — **c.** à ce qu' — **d.** de ce que — **e.** de ce que — **f.** de ce qu' — **g.** qu' — **h.** à ce que — **i.** à ce que — **j.** que.

131– Bilan : suscitent — de (s'offrir) — à (un spectacle) — (s'efforçant) d'— continue à — reconnaisse à — à (prendre) — soit — n'occasionnent — (servent) à.

VII. Le passif

132– Phrases possibles : a. Les patients sont reçus sur rendez-vous — **c.** Ce journaliste n'est pas aimé par les spectateurs — **d.** La séance a été levée par le président — **g.** La cérémonie sera suivie d'un buffet — **h.** Le 19e arrondissement est en train d'être rénové — **j.** Le chef d'État était attendu pour…

133– a. De nouveaux projets de loi seront étudiés par les parlementaires. — **b.** Une hausse du chômage a été constatée — **c.** Les honoraires des médecins généralistes seront révisés par le ministre — **d.** Une politique plus écologique est souhaitée par l'est de la France — **e.** Le parc Eurodisney a été inauguré par des personnalités de divers horizons. — **f.** Un large public a été rassemblé par les J.O. d'Albertville — **g.** L'ancien ministre des Finances a été nommé Premier ministre par le président… — **h.** Les achats seront payés par les Européens en écus — **i.** Le déficit de la Sécurité sociale sera peut-être couvert par l'augmentation… — **j.** En France, le temps de travail pourrait être diminué pour…

134– a. La circulation en Île-de-France pourrait être améliorée par le nouveau… — **b.** Les tarifs SNCF devront être augmentés par le ministre… — **c.** L'installation d'une ligne téléphonique pouvait être obtenue dans un délai… — **d.** On a pu recenser 15 % de la population française… — **e.** Le nom du mari peut être accolé au nom d'une femme mariée / à son propre nom par une femme mariée — **f.** Des démarches auprès de la mairie doivent être entreprises deux mois… — **g.** On peut visiter le musée du Louvre… — **h.** L'âge de 82 ans pourrait être atteint par la majorité… — **i.** Une forte hausse du travail féminin a pu être enregistrée… — **j.** On a dû fermer 24 000 écoles…

135– a. Les Giraud ont acheté cette maison — **b.** Des remparts entourent Carcassonne — **c.** On attendra le beau temps… — **d.** La municipalité gérait la piscine — **e.** Stéphanie inviterait Nicolas… — **f.** Mobifrance commercialisera ces meubles — **g.** Les jeunes femmes lisent *Biba* — **h.** Le jury a primé *Le Petit Criminel* — **i.** Pourvu qu'une agence ne loue pas cet appartement — **j.** L'institutrice avait félicité Sophie.

136– Phrases possibles : a. Le cortège était précédé par la fanfare — **c.** Le sommet de l'Aiguille Verte est recouvert de neige — **d.** Cette difficulté grammaticale est bien connue des linguistes — **e.** La projection du film sera suivie d'un cocktail — **f.** La maison est entourée par un petit bois et la falaise — **h.** Votre mère est adorée des / par les Dumont — **j.** Le directeur avait tout de suite été obéi de / par Dominique.

137– a. Le Grand Louvre a été inauguré en 1993 — **b.** L'aide aux pays du tiers-monde a été developpée — **c.** Les sports d'hiver ont été démocratisés — **d.** Les temps de transport en région parisienne ont été réduits — **e.** Les hypermarchés ont été multipliés… — **f.** La chaîne " La 5 " a été supprimée… — **g.** Le nombre des abonnés au téléphone a été augmenté… — **i.** La très grande bibliothèque sera ouverte en 1995 — **j.** Le TGV Paris-Lyon a été mis en service…

138– a. que l'enseignement des langues étrangères soit développé — **b.** que les démarches administratives soient simplifiées — **c.** que le prix des loyers soit stabilisé — **d.** que la consommation des tranquillisants soit réduite — **e.** qu'un remède au Sida ne soit pas découvert… — **f.** qu'une politique sociale plus juste soit mise en place — **g.** que tant de touristes soient accueillis… — **h.** que la vitesse des voitures soit limitée… — **i.** que l'emploi des handicapés ne soit pas favorisé — **j.** que le programme des ventes soit réorganisé.

139– a. que les salles de cours soient fermées… — **b.** que le matériel pédagogique soit remis en place… — **c.** que les consignes de sécurité soient respectées — **d.** que les carnets de présence soient tenus régulièrement. — **e.** que les notes administratives soient lues quotidiennement — **f.** qu'un langage poli soit adopté — **g.** que les leçons soient révisées sérieusement — **h.** que des vêtements corrects soient portés — **i.** que l'interdiction de fumer soit respectée — **j.** que les présences soient régulières.

140– a. que la bonne solution ait été trouvée par les Martin — **b.** que cette loi ait été votée par les députés — **c.** que trop de pouvoir ait été pris par la presse — **d.** que les Halles n'aient pas été détruites — **e.** que le Palais du Louvre ait été bombardé… — **f.** que le rôle principal n'ait pas été tenu par Béatrice Dalle — **g.** que ce rapport n'ait pas été rédigé par le chef même ne nous surprend… — **h.** que le personnage de Van Gogh ait été joué par Jacques Dutronc. — **i.** que cette tour ait été construite par les Romains — **j.** que l'ancienne gare de Bordeaux ait été démolie.

141– a. P — **b.** A — **c.** P — **d.** P — **e.** A — **f.** P — **g.** A — **h.** A — **i.** P — **j.** A

142– a. Le dollar est acheté 5,30 F — **b.** Le prix de l'Arc de Triomphe est couru… — **c.** est disputé — **d.** sont vendues — **e.** rien n'est perdu — **f.** est mangé — **g.** est bu — **h.** est préparé — **i.** est pratiqué — **j.** est décerné.

143– a. Elle a été invitée par… — **b.** Ils ont été fouillés par… — **c.** Il a été hué par… — **d.** Il a été interrogé par… — **e.** ont été emmenés… — **f.** a été opérée… — **g.** ont été entraînés… — **h.** a été récompensé… — **i.** ont été pris… — **j.** a été applaudi…

144– Phrases possibles : a. Je me suis laissé dire qu'il y aurait… — **b.** Je me suis vue convier… — **c.** On s'est fait avertir… — **d.** Elle s'est fait agresser… — **e.** Ils se sont vu / laissé interroger… — **f.** Tout le quartier s'est vu transformer… — **g.** La famille s'est laissé / fait rapatrier… — **h.** Paul s'est laissé convaincre… — **i.** Cécile s'est laissé / fait prendre… — **j.** Il se fera applaudir.

145– a. Il se fait couper les cheveux — **b.** Il se fait porter par son père — **c.** Elle se fait passer — **d.** Je dois me faire aider — **e.** Elle veut se faire consoler — **f.** Elle risque de se faire renvoyer — **g.** Vous vous faites féliciter — **h.** Nous nous sommes fait convoquer… — **i.** Tu risques de te faire engager — **j.** Il s'est fait rattraper.

146– Bilan : a. s'est fait maigrir — **b.** s'est fait friser — **c.** s'est fait teindre — **d.** se faire tailler — **e.** se fait habiller — **f.** me suis laissé dire — **g.** se vend — **h.** laisser surprendre — **i.** avait sûrement été recarrossée.

VIII. Le subjonctif passé

147– a. ils aient voulu — **b.** tu aies été — **c.** j'aie eu — **d.** nous ayons fait — **e.** elles aient grandi — **f.** elles aient grossi — **g.** nous ayons compris — **h.** tu sois devenu(e) — **i.** j'aie réussi — **j.** on ait mis.

148– a. vous ayez choisi — **b.** ils aient pris — **c.** tu aies souffert — **d.** nous soyons arrivées — **e.** j'aie appris — **f.** on ait pu — **g.** vous ayez dû — **h.** tu sois sortie — **i.** j'aie découvert — **j.** nous soyons venues.

149– a. ayez eu — **b.** aies couru — **c.** n'ait pas compris — **d.** ayez attendu — **e.** ait disparu — **f.** n'ayons rien vu — **g.** ayez décidé — **h.** aies perdu — **i.** ne soit pas venu — **j.** aient rencontré.

150– a. ait atteint — **b.** aies attendu — **c.** soit né — **d.** soit revenue — **e.** soit devenue — **f.** aie traduit — **g.** soyons rentré(e)s — **h.** aies été — **i.** ait survécu — **j.** aies fait.

151– a. rende — **b.** n'aient pas eu — **c.** ait ri — **d.** gagnent — **e.** partes — **f.** prenions / ayons pris — **g.** soyez — **h.** mettent / aient mis — **i.** finissiez / ayez fini — **j.** se mêle.

152– Phrases possibles : a. tu m'aies écrit régulièrement — **b.** il ait tutoyée — **c.** tu sois resté — **d.** le film (ne) soit commencé avant qu'ils (n)arrivent — **e.** il n'ait pas été sélectionné — **f.** tu te sois trompé — **g.** elles n'aient pas été mûres — **h.** tu n'aies rien remarqué — **i.** tu sois arrivé avec autant de retard — **j.** elle ait démissionné.

153– a. Il fallait qu'ils aient rejoint… — **b.** Vous souhaitez que votre mari ait reçu… — **c.** Il fallait que tu aies dîné… — **d.** Il fallait que nous ayons prévenu… — **e.** Elle souhaite que nous ayons eu… — **f.** Il fallait que vous ayez rendu… — **g.** Je souhaite qu'ils se soient retrouvés… — **h.** Il fallait qu'elle ait organisé… — **i.** Il fallait que nous ayons répondu… — **j.** On souhaite que sa santé se soit améliorée…

154– Il se peut : a. qu'il se soit trompé… — **b.** qu'il ait oublié… — **c.** qu'il ait pris sa voiture et qu'il ait eu… — **d.** qu'il lui ait demandé… — **e.** que sa mère l'ait appelé… — **f.** qu'on lui ait volé… — **g.** qu'il ait rencontré… — **h.** qu'il ait changé… — **i.** qu'il ait perdu… — **j.** qu'il ait oublié…

155– Je n'ai jamais vu : a. un mouton qui ait passé… — **b.** un boa qui ait avalé… — **c.** qui se soit changé… — **d.** qui se soient envolées… — **e.** qui ait tué… — **f.** qu'on ait transformée… — **g.** qui ait pris… — **h.** qui aient poussé… — **i.** qui aient dévoré… — **j.** qui ait pondu…

156– a. l'avocat ait organisé… — **b.** l'entreprise se soit redressée… — **c.** l'on ait éteint… — **d.** vous ayez fait… — **e.** les députés aient siégé… — **f.** nous ayons emménagé… — **g.** Michel ait pris… — **h.** cette étudiante ait retiré… — **i.** les comptes aient été vérifiés… — **j.** vous ayez rendu…

157– a. Jean-Jacques ne comprend pas que son frère ait divorcé — **b.** Le directeur se plaint qu'Adèle se soit vantée d'avoir… — **c.** Vous comprenez que votre cousine se soit mariée… — **d.** Nous regrettons que notre chien se soit fait écraser. — **e.** Le bijoutier est fâché que la police ait laissé… — **f.** Claire est heureuse que tu aies obtenu .. — **g.** Les clients sont désolés que vous ayez dû… — **h.** Louise se réjouit que son meilleur ami se soit acheté… — **i.** Les économistes déplorent que le pouvoir d'achat des Français ait baissé… — **j.** Les cinéphiles se plaignent que le prix des places de cinéma ait augmenté.

158– a. Ce n'est pas que… (cause) — **b.** de peur que (conséquence) — **c.** En admettant que (hypothèse) — **d.** en attendant que (temporel) — **e.** encore que (concession) — **f.** trop pour qu'(conséquence) — **g.** trop… pour que (conséquence) — **h.** non qu'(cause) — **i.** avant même que (temporel) — **j.** sans qu'(conséquence).

159– a. 10 — **b.** 3/7/8 — **c.** 8 — **d.** 2 — **e.** 3 — **f.** 4 — **g.** 5 — **h.** 6 — **i.** 1 — **j.** 9.

160– a. 3 — **b.** 1 — **c.** 3 — **d.** 1/3 — **e.** 1/3 — **f.** 1 — **g.** 2 — **h.** 2 — **i.** 2 — **j.** 3.

161– Bilan : n'aies pas été — ait trouvé — aies affirmé / affirmes — aies essayé — se soit jamais plaint — ayez fait — se soit mal entendu — ait toujours été — n'ayons pas dû — t'aie élevée — t'aie donné — ne m'ait pas encore téléphoné.

IX. Les pronoms

162– a. Celui-là — **b.** Celles-là — **c.** De ceux-là — **d.** Celui-là — **e.** À celle-là — **f.** Ceux-là — **g.** À celles-là — **h.** Pour celui-là — **i.** Avec ceux-là — **j.** Sur celle-là.

163– a. Je voudrais celle du milieu — **b.** Je vais prendre celle du fond — **c.** celle de devant — **d.** celui de droite — **e.** celle du centre — **f.** celui du 6ᵉ étage — **g.** celle du hall d'entrée — **h.** celui du haut — **i.** celle d'en bas, à gauche — **j.** celle de sous le toit.

164– a. c' — **b.** celles / celle — **c.** celle — **d.** ce — **e.** c' — **f.** ça — **g.** ça — **h.** ceux — **i.** ça — **j.** celui.

165– a. celui qui — **b.** celui dont — **c.** ce qui — **d.** celui qui — **e.** celle qui — **f.** celles dont — **g.** ceux que — **h.** celle où — **i.** ceux qui — **j.** celles où.

166– a. les enfants rêvent — **b.** beaucoup d'étrangers se rendent — **c.** les Français ont surnommé "Tonton" — **d.** le premier slogan électoral annonçait… — **e.** est resté le plus longtemps au pouvoir — **f.** la fondation Maeght expose des œuvres… — **g.** les artistes fréquentent — **h.** se trouve dans l'arrière-pays… — **i.** l'association des monuments historiques envisage de restaurer — **j.** a été vendue récemment.

167– a. la vôtre — **b.** les miens — **c.** les nôtres — **d.** la mienne – la sienne — **e.** les leurs — **f.** les siens — **g.** les siens — **h.** leurs – miennes — **i.** la vôtre — **j.** la nôtre.

168– a. c'est le mien — **b.** c'est le sien — **c.** c'est le leur — **d.** c'est le sien — **e.** ce sont les leurs — **f.** ce sont les leurs — **g.** c'est la mienne — **h.** ce sont les miennes — **i.** ce sont les miennes — **j.** ce sont les nôtres.

169– a. Oui, ce sont les siennes — **b.** Si, c'est le sien — **c.** Si, c'est le sien — **d.** Oui, ce sont les siennes — **e.** Si, c'est le sien — **f.** Si, c'est le sien. — **g.** Oui, c'est la sienne — **h.** Si, ce sont les siens — **i.** Si, c'est la sienne — **j.** Si, ce sont les nôtres.

170– Pronoms interrogatifs : b. qui — **d.** que — **f.** que — **i.** qui — **j.** qui.

171– a. de quoi — **b.** avec qui — **c.** à quoi — **d.** avec qui — **e.** en quoi — **f.** par quoi — **g.** que — **h.** à qui — **i.** que — **j.** qu'.

172– Questions possibles : a. Les téléspectateurs sont les plus fidèles à certaines émissions : lesquelles — **b.** Lequel de ces quotidiens français a le plus… ? — **c.** Une radio dépend du secteur public : laquelle ? — **d.** Lequel de ces deux prix récompense… ? — **e.** Auquel des journaux télévisés de M6 ou de TF1 accorde-t-on le plus… ? — **f.** Lequel de ces deux journalistes commente… — **g.** Parmi M6 et La 5, un organe télévisuel a disparu début 1992. Duquel s'agit-il ? — **h.** Auquel de ces deux magazines télé (*Télépoche* ou *Télé 7 jours*) les Français se réfèrent-ils le plus souvent ? — **i.** Duquel de ces deux partis (PC ou PS) *L'Humanité* émane-t-elle ? — **j.** Entre ces deux magazines féminins, *Elle* et *Femme Actuelle*, lequel est le plus lu ?

173– a. Que commémore le 8 Mai ? — **b.** Parmi ces fleurs, laquelle porte-t-on sur les tombes… ? — **c.** Laquelle de ces trois plantes symbolise la St-Sylvestre ? — **d.** Lesquelles de ces trois images évoquent Noël ? — **e.** Lesquelles de ces trois fêtes sont historiques ? — **f.** Que guettent les enfants lorsque Pâques approche ? — **g.** Laquelle de ces deux fêtes tombe toujours un week-end ? — **h.** Laquelle de ces trois fêtes est agrémentée… ? — **i.** Deux lundis sont fériés chaque année, lesquels ? — **j.** Lequel de ces trois saints est très attendu par les enfants… ?

174– a. Qu'a voté le Danemark… ? — **b.** dans laquelle — **c.** Qui peut être considéré comme… ? — **d.** À laquelle — **e.** lesquels — **f.** lesquels — **g.** desquelles — **h.** lequel — **i.** lesquelles — **j.** Que contrôle le parlement ?

175– a. les uns sur les autres — **b.** quiconque — **c.** quelques-uns — **d.** tout — **e.** certains — **f.** le même — **g.** l'autre — **h.** quelqu'un — **i.** rien n'importe qui — **j.** certains.

176– Réponses possibles : a. quelques-uns / certains — **b.** tous — **c.** quelques-uns / peu / certains — **d.** chacun — **e.** certains – beaucoup — **f.** quelques-uns / certains — **g.** tous — **h.** aucun — **i.** tous — **j.** aucun.

177– Réponses possibles : **a.** aucune — **b.** quelques uns / peu — **c.** tout — **d.** toutes — **e.** tous — **f.** aucune — **g.** chacun — **h.** aucun — **i.** tous / certains — **j.** chacun.

178– Phrases possibles : **a.** Il n'y a rien — **b.** Il n'y avait personne dans le compartiment… — **c.** On n'entend rien — **d.** Il s'est passé quelque chose — **e.** Quelque chose a dû lui arriver — **f.** Ils n'ont rien remarqué d'anormal — **g.** Il manque quelqu'un (son oncle) sinon ils sont tous là — **h.** J'entends quelque chose — **i.** Aucun ne souhaite… — **j.** Il n'y avait personne.

179– a. n'importe laquelle — **b.** n'importe quoi — **c.** n'importe lequel — **d.** n'importe quand — **e.** n'importe qui — **f.** dans n'importe lequel — **g.** par n'importe lequel — **h.** n'importe lesquelles — **i.** à n'importe lequel — **j.** n'importe quoi.

180– a. quoi qu' — **b.** où qu' — **c.** quoi que — **d.** où qu' — **e.** qui que — **f.** quoi que — **g.** où que — **h.** quoi que — **i.** qui que — **j.** où que.

181– a. En 1981, aucun n'avait de camescope — **b.** En 1981, peu avaient un magnétoscope — **c.** En 81, aucun n'avait de baladeur — **d.** En 1981, la moitié avaient une chaîne hifi — **e.** En 88, quelques-uns ont des disques compacts — **f.** En 88, la plupart ont un appareil… — **g.** En 88, beaucoup ont un instrument… — **h.** En 88, certains ont encore un électrophone — **i.** En 81, la moitié avaient un magnétophone — **j.** En 88, la majorité ont des cassettes.

182– a. Il en choisit un autre — **b.** Il en a proposé un autre — **c.** Il ignore les autres — **d.** Elle a commandé le même — **e.** Je vais en cueillir d'autres — **f.** Mets-les dans un autre — **g.** Tu as gardé le même — **h.** Elle n'est jamais la même — **i.** Sers-toi d'un autre — **j.** Elle s'est offert les mêmes.

183– Bilan : Pronoms qui conviennent : ce qui — la tienne — quoi que — la mienne — une autre — quiconque — ce que — rien — où que.

X. Le futur antérieur

184– a. Il aura fait — **b.** Nous serons revenu(e)s — **c.** Je serai sorti(e) — **d.** Vous serez allé(e)(s)(es) — **e.** Tu seras devenu(e) — **f.** On aura compris — **g.** Vous aurez terminé — **h.** Elles auront vu — **i.** J'aurai eu — **j.** Vous aurez lu.

185– a. J'aurai été — **b.** Il aura peint — **c.** Nous aurons pris — **d.** Vous aurez bu — **e.** J'aurai étudié — **f.** Tu auras su — **g.** Elles se seront promenées — **h.** J'aurai fini — **i.** Nous aurons connu — **j.** On aura établi.

186– a. auras fini — **b.** serez (déjà) parti(e) — **c.** sera rentrée — **d.** aura obtenu — **e.** auront fait — **f.** aura eu — **g.** aura raté — **h.** aura (déjà) commencé — **i.** aurez fait — **j.** auront oublié.

187– Futur antérieur : b. c. d. g. h.

188– a. A — **b.** S — **c.** S — **d.** C — **e.** C — **f.** S — **g.** A — **h.** A — **i.** C — **j.** S

189– a. 1-2 — **b.** 2-1 — **c.** 2-1 — **d.** 2-1 — **e.** 2-1 — **f.** 1-2 — **g.** 2-1 — **h.** 2-1 — **i.** 1-2 — **j.** 1-2.

190– a. Nous retirerons les billets d'avion que nous aurons réservés à l'avance — **b.** Dès que nous aurons fait enregistrer les bagages, nous serons plus libres… — **c.** Aussitôt que j'aurai passé la douane, j'irai faire… — **d.** Avant de s'asseoir dans la salle d'attente, on aura fait un tour… — **e.** Dès qu'on aura annoncé le vol, nous présenterons nos cartes… — **f.** À partir du moment où on se sera installé… on attendra… — **g.** Quand l'hôtesse aura vérifié les ceintures… elle présentera les consignes… — **h.** Aussitôt que l'avion aura décollé, le commandant souhaitera… — **i.** Lorsque nous aurons voyagé 2 h 15, nous atterrirons… — **j.** Dès qu'on sera sorti de l'aéroport, on sera attendu…

191– Phrases possibles : **a.** Lorsque tu auras trouvé un hôtel, tu te rendras… — **b.** Quand les hôtesses t'auront remis… tu les consulteras — **c.** Dès que tu auras lu ces documents, tu iras — **d.** Lorsque tu auras rempli… tu organiseras…— **e.** Quand tu te seras occupée… tu pourras — **f.** Lorsque tu auras visité…, tu te promèneras — **g.** Une fois que tu auras découvert… Lucie te proposera de… — **h.** Quand tu partiras, elle t'aura montré… — **i.** Tu auras fait toutes les vitrines avant de quitter Paris — **j.** Quand tu seras partie, tu n'auras qu'une envie : …

192– Phrases possibles : **a.** j'aurai découvert la bonne réponse — **b.** vous aurez terminé de charger la voiture — **c.** vous aurez rempli ce bon — **d.** elles auront eu trop chaud — **e.** nous aurons fini nos achats — **f.** vous l'aurez lu — **g.** elle aura décidé de partir vivre en Suisse — **h.** nous l'aurons réparé — **i.** Roxane aura avoué son amour — **j.** vous l'aurez écrite.

193– a. téléphonerons – serons arrivés — **b.** préviendra – sera sorti — **c.** ne se fasse – appelleras / auras appelé — **d.** sera / aura été – tendra — **e.** devront – ne partent — **f.** aura signé – emménagera — **g.** cessera / aura cessé – reprendrons — **h.** aura prévenus / préviendra – ne lisent — **i.** se rendra – aura décollé — **j.** rentrerez / serez rentré(s)– aura (déjà) repris.

194– a. Les syndicats auront obtenu… — **b.** Le président aura été opéré… — **c.** L'inondation… aura été occasionnée… — **d.** La rivière aura débordé… — **e.** Les résultats… auront beaucoup intéressé… — **f.** La sortie… aura sûrement été retardée… — **g.** La livre sterling aura quitté… — **h.** les touristes… auront boudé… — **i.** Les écologistes auront appelé… — **j.** La chute… aura été à l'origine…

195– a. On aura cessé de fumer — **b.** On aura réorganisé le temps… — **c.** On aura remédié à la faim… — **d.** Le racisme aura disparu — **e.** On aura découvert un vaccin… — **f.** On aura commercialisé… — **g.** On aura prévu des défenses… — **h.** On aura mis au point… — **i.** On aura robotisé… — **j.** On aura détruit…

196– Bilan : feront — aura acheté — aura réparé — ne voudra pas — iront passer — retrouveront — auront rencontrés — passeront — seront consacrées — s'achèveront — auront sympathisé — aura conservé.

XI. Les formes verbales en ANT

197– a. fatigantes — **b.** inquiétante — **c.** intéressant — **d.** excitant — **e.** épuisants — **f.** compromettante — **g.** passionnante — **h.** étonnante — **i.** entreprenant — **j.** envahissants.

198– b. fatigantes — **c.** intéressantes — **e.** filante — **g.** amusante — **i.** vivante — **j.** montantes.

199– a. 1 — **b.** 2 — **c.** 2 — **d.** 2 — **e.** 2 — **f.** 3 — **g.** 3 — **h.** 2 — **i.** 2 — **j.** 2-1.

200– a. causante — **b.** complaisante — **c.** chantantes — **d.** cuisante — **f.** déplaisante — **g.** écrasantes — **i.** épuisants — **j.** fertilisants.

201– a. il est dérangeant — **b.** de classe dirigeante — **c.** une vue plongeante — **d.** C'était une remarque outrageante pour le public — **e.** le roi régnant — **f.** des avis divergeants — **g.** convergeants — **h.** Je les trouve négligeants envers leur famille… — **i.** Pourquoi Brigitte est-elle agaçante envers ses collègues ? — **j.** C'est apaisant de savoir…

202– a. en t'attendant — **c.** en passant une année — **d.** en faisant son stage — **f.** en discutant avec lui — **g.** en installant — **i.** en lui écrivant — **j.** en exportant.

203– en : a. d. f. g. j.

204– a. S – Ca — **b.** M – Cond — **c.** S – Ca — **d.** Ca — **e.** S — **f.** M — **g.** S — **h.** M — **i.** Ca – S — **j.** M – Cond.

205– a. j'ai fumé – en attendant — **b.** a consulté – en se rendant — **c.** avons bavardé – en marchant — **d.** a continué – en travaillant — **e.** en (vous) / écoutant – pensais — **f.** en regardant – ai compris — **g.** en lisant – espérait — **h.** a dit en riant — **i.** en intervenant – a levé — **j.** en choisissant – sont.

206– a. dictait – (en) en écrivant une autre — **b.** résoudra par – en faisant — **c.** ai – écoutant – écoute – en faisant — **d.** ai croisé – en entrant — **e.** en regardant – a assisté — **f.** ai détruit – en allumant — **g.** comprendras – déteste – en allant voir — **h.** passe – en me garant — **i.** en allant – pense — **j.** ai obtenu – en interprétant.

207– a. En ayant décidé… — **b.** En ayant poussé… — **c.** En ayant constaté… — **d.** En ayant ouvert… — **e.** En s'étant compromis… — **f.** En ayant servi… — **g.** En ayant vécu… — **h.** En ayant choisi… — **i.** En étant passé… — **j.** En ayant été hospitalisé…

208– a. touchant — **b.** permettant — **c.** fonctionnant — **d.** fermant — **e.** assistant — **f.** souhaitant — **g.** bordant — **h.** décorant — **i.** paraissant — **j.** ayant.

209– Phrases possibles : **a.** Comme ce travail fatiguait les employés… — **b.** Parce que ce garçon néglige ses études… — **c.** (impossible) — **d.** De cette façon, ils croyaient forcer le Président à… — **e.** (impossible) — **f.** jusqu'à forcer sa mère à lui céder — **g.** …et ils ont précisé qu'elle… — **h.** Comme… elle croit en Dieu… — **i.** … et je couvrais. — **j.** … et j'ai avalé d'un trait…

210– a. et il s'enfonça… parce qu'il prenait… — **b.** Comme j'articulais très mal… — **c.** elle rougit… — **d.** parce qu'il pensait / et en même temps il pensait… — **e.** et il freina… — **f.** Il me désole mais… — **g.** et je regrette… — **h.** parce que je croyais / en effet, je croyais… — **i.** Ce roman me réjouit / j'aime les histoires qui finissent bien… — **j.** et en même temps elle suspendait…

211– a. Ayant pris des précautions, elle ne s'est pas blessée… — **b.** Il a quitté le cours plus tôt, ayant terminé l'évaluation… — **c.** N'ayant pas aimé ce film, tu n'as pas… — **d.** Ayant vécu deux ans au Québec, on connaît… — **e.** Ayant mangé beaucoup de, elle a eu… — **f.** Te l'ayant promis, je t'ai attendu… — **g.** Ayant passé une partie… — **h.** Ayant reçu deux invitations… — **i.** … ayant vu la veille un film… — **j.** Ayant bu du champagne…

212– a. ayant passé — **b.** ayant été élus — **c.** ayant été entreprises — **d.** ayant été construites — **e.** étant vendus — **f.** étant tombées — **g.** étant passées — **h.** ayant eu lieu — **i.** ayant été achetés — **j.** étant passées.

213– a. ayant été construites — **b.** ayant été imprimés — **c.** ayant été rasées — **d.** étant entrés — **e.** ayant été produits — **f.** ayant traversé — **g.** ayant écrit — **h.** ayant été envoyé — **i.** ayant été rangés — **j.** ayant été découvert.

214– Bilan : Ce coup de téléphone ayant duré — en dévalant — et croisant — En arrivant — étant très négligent — en râlant — glissant dessus — en accusant — disparaissant.

XII. La conséquence

215– a. trop d'… pour — **b.** si… qu' — **c.** donc — **d.** tellement… que — **e.** tant et si bien qu' — **f.** par conséquent — **g.** il en résulte — **h.** sous peine de… — **i.** à tel point que — **j.** si bien qu'.

216– Réponses possibles : a. par conséquent/donc — **b.** donc — **c.** par conséquent — **d.** alors — **e.** par conséquent — **f.** donc — **g.** alors — **h.** alors — **i.** par conséquent/alors — **j.** donc.

217– Réponses possibles : a. pouvez (donc) nous en parler — **b.** elle peut rester en pyjama toute la journée — **c.** ai-je beaucoup dansé — **d.** ils sont allés écouter du jazz — **e.** j'ai (donc) lu jusqu'à 3 heures du matin — **f.** il vient de ressortir — **g.** ils se sentaient enfin chez eux — **h.** je vous conseille Nathalie Sarraute — **i.** avons-nous décidé de louer une maison ensemble — **j.** je vous emmène au restaurant le Taj Mahal.

218– b. d' — **d.** de — **e.** de — **f.** de — **g.** de.

219– a. tellement / si — **b.** tellement / si — **c.** tellement / si — **d.** tant de / tellement de — **e.** si / tellement — **f.** si — **g.** tant de / tellement de — **h.** tant / tellement — **i.** tellement / tant — **j.** si / tellement.

220– a. telle — **b.** tel — **c.** telle — **d.** tel — **e.** telles — **f.** telle — **g.** telle — **h.** telles — **i.** tel — **j.** tels.

221– a. pour — **b.** pour qu' — **c.** pour — **d.** pour — **e.** pour qu' — **f.** pour — **g.** pour — **h.** pour qu' — **i.** pour — **j.** pour.

222– Réponses possibles : a. Pierre donne une invitation à Lucie de sorte qu'elle va ce soir… — **b.** Michèle a mangé de la choucroute au point qu'/ à tel point qu'elle est malade… — **c.** Nos amis ont vécu cinq ans… de sorte qu'ils connaissent… — **d.** Les enfants se sont amusés de sorte qu'/ à tel point qu'ils n'ont pas vu… — **e.** Pauline a maigri au point que / à tel point que je ne l'ai… — **f.** Mes voisins se couchent tard de sorte que je vois… — **g.** Sophie parle très bien anglais de sorte qu'elle adore… — **h.** Nicolas avait une telle soif de sorte qu'il a bu… — **i.** Catherine travaille au point qu'/ à tel point qu'elle ne sort… — **j.** Le prix du pétrole a augmenté de sorte que les billets…

223– a. Vous ne supportez plus vos chaussures — **b.** Jacques… sans dîner — **c.** Je n'ai pas vu Mme Dupuy — **d.** J'ai donc acheté… au premier rang — **e.** … il n'était pas surpris de mon absence — **f.** Leur congélateur s'est arrêté — **g.** … alors ils ont décidé de fermer le restaurant — **h.** … nous n'avons pas skié ce matin — **i.** … elle est allée travailler en vélo — **j.** … aussi se couche-t-il tard.

224– Conséquence : b. d. e. f. i. j.

225– pour — alors — donc — par conséquent — pour.

XIII. L'opposition

226– a. sinon — **b.** au lieu de — **c.** et non — **d.** par contre — **e.** bien au contraire — **f.** alors que — **g.** alors qu' — **h.** en revanche — **i.** autrement — **j.** mais.

227– a. doit — **b.** arrangent — **c.** refuses — **d.** maigrir — **e.** approchent — **f.** rester — **g.** n'avait rien fait de mal — **h.** resterons — **i.** progresser — **j.** se porte.

228– a. et non — **b.** et non — **c.** en revanche / par contre — **d.** mais / pourtant — **e.** en revanche / par contre — **f.** par contre / en revanche — **g.** sinon / autrement — **h.** par contre / en revanche / pourtant — **i.** et non (pas) — **j.** pourtant.

229– b. 7 — **c.** 9 — **d.** 1 — **e.** 6 — **f.** 4 — **g.** 10 — **h.** 5 — **i.** 8 — **j.** 2.

230– Phrases possibles : a. sortir avec mes amis — **b.** elle avait arrêté il y a 15 ans — **c.** je ne pourrai pas venir vous chercher à la gare — **d.** ne sois pas trop bavard — **e.** ils sont libres vendredi — **f.** partir en Corse comme d'habitude — **g.** elle va travailler — **h.** votre mère s'inquiètera — **i.** chez l'habitant comme l'année dernière — **f.** ne buvez pas d'alcool.

231– Réponses possibles : a. tandis que tu téléphones… — **b.** par contre tu n'as fait… — **c.** mais il y a… — **d.** autrement / sinon tu ne me comprendras… — **e.** en revanche / par contre il n'a pas grossi — **f.** Bien qu'il soit jeune, il ne sort jamais — **g.** mais / par contre il achète… — **h.** mais / en revanche / par contre ils mangent… — **i.** mais / pourtant tu n'arrêtes pas… — **j.** cependant / pourtant elle garde…

232– Bilan : par contre — sinon/autrement— au lieu de — mais — sinon/autrement — alors que — en revanche / par contre — sinon – par contre.

XIV. La concession et la restriction

233– a. Bien qu' — **b.** malgré — **c.** Si… que — **d.** quel que soit — **e.** quitte à — **f.** Où que — **g.** quoique — **h.** à moins que — **i.** Tu as beau — **j.** quel que soit.

234– a. 5 — **b.** 3 — **c.** 1 — **d.** 2 — **e.** 4 — **f.** 7 — **g.** 6 — **h.** 9 — **i.** 8 — **j.** 10.

235– a. 1/3 — **b.** 1/3 — **c.** 3 — **d.** 3 — **e.** 1/3.

236– Phrases possibles : a. Nous l'avons rencontré une seule fois / juste une fois… — **b.** Il ne dure que 5 minutes / Il dure seulement 5 minutes — **c.** Ils n'ont que deux semaines… Ils ont seulement 2 semaines… — **d.** Il est uniquement / seulement sorti… — **e.** Il ne reste qu'une seule personne… / Il reste seulement / uniquement une personne… — **f.** Elle boit uniquement du .. / Elle ne boit que du champagne — **g.** Elle aime juste / seulement / uniquement les films… — **h.** Elle me téléphone uniquement / seulement / elle ne me téléphone que pour — **i.** Il aime une seule fleur / Il n'aime qu'une fleur… — **j.** Je n'en ai que pour 2 minutes / J'en ai juste pour 2 minutes.

237– Phrases possibles : a. Bien que tu vives à Madrid, tu vas de temps en temps à Paris. — **b.** Bien qu'ils travaillent plus de 39 heures par semaine, ils font beaucoup de sport — **c.** Bien que nous ayons des enfants, nous faisons de longs voyages — **d.** Bien qu'elle ait perdu, elle est de bonne humeur — **e.** Bien que je sache cuisiner, je ne fais pas la cuisine — **f.** Bien qu'il prenne des calmants, il a toujours mal — **g.** Bien qu'on ne le veuille pas, on s'en va — **h.** Bien qu'ils soient antipathiques, ils ont raison — **i.** Bien que tu boives beaucoup de café, tu t'endors facilement — **j.** Bien que je fasse réparer ma voiture au garage, elle tombe souvent en panne.

238– a. quel que soit — **b.** quelles que soient — **c.** quels que soient — **d.** quelle que soit — **e.** quelle que soit — **f.** quels que soient — **g.** quelles que soient — **h.** quelles que soient — **i.** quel que soit — **j.** quel que soit.

239– Phrases possibles : a. (qu')ait un problème — **b.** son bras lui fasse mal — **c.** (qu')il soit situé au rez-de-chaussée — **d.** tu apprennes ton code — **e.** j'aie un empêchement — **f.** qu'elle n'aime pas écrire — **g.** je sache bien conduire — **h.** le jury ne soit pas toujours très objectif — **i.** tu y tiennes absolument — **j.** son départ ne soit pas encore officiel.

240– a. où que — **b.** qui que — **c.** où que — **d.** quoi que — **e.** qui que — **f.** quoi que — **g.** quoi que — **h.** où que — **i.** quoi que — **j.** qui que.

241– a. sorte — **b.** aies bu — **c.** soient — **d.** fasses — **e.** aie téléphoné — **f.** arrive — **g.** se soit trompée — **h.** soyons partis — **i.** alliez — **j.** pensiez.

242– a. J'ai beau lui répéter qu'il se trompe, il… — **b.** Ce film a beau plaire à la critique, je… — **c.** Il a beau pleuvoir, elle… — **d.** Il a beau faire un régime… — **e.** Il a beau habiter Londres… — **f.** Elle a beau être en vacances,… — **g.** Nous avons beau faire réviser… — **h.** Vous avez beau intervenir,… — **i.** Tu as beau faire attention… — **j.** Vous avez beau rire…

243– Phrases possibles : a. … je ne prendrais pas l'avion — **b.** nous t'attendrons pour le dîner — **c.** nous serions arrivés en retard — **d.** nous n'y serions pas allés — **e.** elle ne partirait pas chez ses amis à Madrid — **f.** accepte ce bijou, je serais heureux de te l'offrir — **g.** nous irons absolument applaudir notre ami pianiste — **h.** vous ne l'auriez jamais cru — **i.** tu finiras bien par l'admettre — **j.** vous ne m'impressionnez pas.

244– Phrases possibles : a. … les automobilistes roulent souvent plus vite — **b.** … je n'ai pas su faire ce problème — **c.** … tu parais en pleine forme — **d.** Ils sont partis se promener en forêt malgré… — **e.** Les Français partent de plus en plus loin en vacances en dépit… — **f.** … ils n'y vont pas souvent — **g.** … nous trouvons un petit hôtel — **h.** … vous pouvez manger des fruits frais — **i.** … ses quatre-vingts ans, je trouve… — **j.** … le 11 Novembre est un jour férié.

245– Bilan: malgré — mais — encore faut-il qu' — même si — avez beau — à tel point que — quand même — quitte à — quelles que soient.

XV. Les articulateurs du discours

246– Phrases possibles : a. Hier, nous avons visité… — **b.** Avant-hier, nous avons passé… — **c.** Il y a quatre jours, nous sommes arrivés… — **d.** Ça fait trois jours mercredi dernier, nous avons eu une… — **e.** Demain, nous écouterons… — **f.** Après-demain, on passera… — **g.** Dans quatre jours, nous visiterons… — **h.** Samedi prochain, on consacrera la journée… — **i.** Dimanche prochain en huit, nous étudierons l'entretien… — **j.** Dans neuf jours, on partira d'ici.

247– a. La veille, nous avions visité… — **b.** L'avant-veille, nous avions passé… — **c.** Quatre jours auparavant, nous étions arrivés… — **d.** Le mercredi précédent, nous avions eu… — **e.** Le lendemain, nous avons écouté… — **f.** Le surlendemain, on a passé… — **g.** Quatre jours plus tard, on a visité… — **h.** Le samedi suivant, nous avons consacré… — **i.** Huit jours plus tard / le dimanche suivant, nous avons étudié… — **j.** Neuf jours plus tard, on est reparti…

248– Phrases possibles : a. Ensuite, il fait sa toilette et prend son petit déjeuner — **b.** En premier lieu, il a un cours de maths — **c.** Auparavant, il prend le bus — **d.** À la suite du cours de maths, il a cours de français — **e.** Ensuite il déjeune — **f.** Après le déjeuner, il suit son cours d'anglais — **g.** Puis il a cours d'éducation physique. — **h.** Et puis il reprend le bus — **i.** Enfin, il fait ses devoirs — **j.** Avant de terminer ses devoirs, il a un cours de piano.

249– a. 3 — **b.** 3 — **c.** 1 — **d.** 3 — **e.** 1 — **f.** 2 — **g.** 3 — **h.** 1 — **i.** 2 — **j.** 3

250– 19 h : présentation de la chaîne — 19 h 10 : reportage *La malédiction des pharaons* — 19 h 55 : divertissement avec les Monty Pythons — 20 h 30 : journal d'information — 20 h 40 : *Les Ailes du désir* — 23 h : *Mister Boo*.

251– Présentation possible : Notre soirée débutera dès 18h 55 avec "Coucou, c'est nous". Avant d'assister au journal télévisé, vous retrouverez un épisode du "Bébête Show". Faisant suite au journal, une émission animée par Patrick Sabatier. Ensuite nous vous proposons un magazine médical consacré à la sclérose en plaque. Notre programme s'achèvera par le magazine "Minuit sports" précédé d'une autre émission sportive intitulée "F1-Magazine".

252– a. par exemple — **b.** c'est-à-dire — **c.** soit — **d.** c'est-à-dire — **e.** par exemple — **f.** c'est-à-dire — **g.** c'est-à-dire/soit — **h.** soit — **i.** soit — **j.** soit.

253– a. enfin — **b.** finalement — **c.** enfin – finalement — **d.** finalement — **e.** enfin — **f.** finalement — **g.** enfin — **h.** enfin — **i.** finalement — **j.** enfin.

254– a. par ailleurs — **b.** par ailleurs — **c.** d'ailleurs — **d.** d'ailleurs — **e.** d'ailleurs — **f.** par ailleurs — **g.** par ailleurs — **h.** par ailleurs — **i.** d'ailleurs — **j.** par ailleurs.

255– a. par exemple — **b.** par exemple — **c.** de cette façon — **d.** par exemple — **e.** de cette façon — **f.** par exemple — **g.** de cette façon — **h.** par exemple — **i.** de cette façon — **j.** par exemple.

256– a. en fait — **b.** en fait — **c.** de fait — **d.** de fait — **e.** en fait — **f.** en fait — **g.** de fait — **h.** en fait — **i.** de fait — **j.** de fait.

257– a. outre — **b.** outre — **c.** outre — **d.** en outre — **e.** en outre — **f.** outre — **g.** en outre — **h.** outre — **i.** outre — **j.** outre.

258– Réponses convenables : Quelqu'un — plusieurs — aucune — quelques-uns — outre — d'ailleurs — les mêmes — de fait — en particulier — enfin — en fait — outre.

Index
Renvoi aux numéros d'exercices

A

À + pronom : 78 à 86

À (suivant verbes) : 114 à 118-121

Adjectif verbal : 197 à 201-209

Afin de + infinitif : 119-120

Ainsi : 255

Alors : 216-217

Alors que : 226-227-229-230

À moins que : 233-234-239-241

Articulateurs du discours : 246 à 258
    (chronologiques) : 246 à 251
    (logiques) : 252 à 257

À tel point que : 222

Au contraire : 228 à 231

Aucun : 17-18-20-176-177-181

Au lieu de : 227-229-230

Au point que : 222

Auquel (interrogatif) : 172-174
    (relatif) : 99 à 102-106

Aussi/non plus : 14

Aussi (conséquence) : 217

Autre (un) : 182

Autrement : 226-228-230-231-232

Avant de : 120-121

Avoir beau : 242

B

Beau (avoir) 242

Bien que : 233 à 235-237-239-241

But (expression du) : 224

C

C' : 164

Ça : 164

Ce : 164

Celui/celle/ceux/celles-ci/là : 162

Celui/celle/ceux/celles que/qui/où/dont : 165-166

Cependant : 227-244

Certains : 176-177-181

Chacun : 175 à 177

Chronologie (rapports de) : 246 à 251

Comme (exclamatif) : 21 à 23

Concession : 233 à 245

Concordance des temps : 38 à 45-126-131-151-152

Concordance des temps (dans discours rapporté) : 66 à 71

Condition (expression de la) : 159-160

Conditionnel passé : 29 à 37-39-41-45

Conditionnel présent : 25 à 28-38-41 à 45

Conséquence : 215 à 225

Construction passive : DE/PAR : 136

Constructions verbales : 110 à 131
    – impersonnelles : 110 à 113
    – avec À et DE : 114 à 118
    – avec infinitif : 119 à 121
    – avec subjonctif : 122 à 131

D

D'ailleurs : 254

De (constructions verbales avec) 114 à 118-120

De + pronom : 78 à 86

De fait : 256

Déjà : 11

De sorte que : 222

Discours rapporté (concordance des temps) : 66 à 71

Donc : 216-217

Dont : 94-95-97-102-104-165-166

Double pronominalisation : 73 à 77

Duquel/de laquelle (interrogatif) : 172-174
    relatif : 99-100-102-104 à 106

E

Elle/lui/eux/elles : 73-79 à 86

En (pronom) : 73 à 82-87 à 93

En + participe présent : 202 à 203

Encore faut-il que : 234-235

Encore que : 239

En fait : 256

En outre : 257

En revanche : 226 à 228-230-231

Enfin/finalement : 253

Exclamation : 21 à 24

F

(Se) faire + infinitif : 143-144-145

Finalement : 253

Futur antérieur : 184 à 196

G

Gérondif passé : 207

Gérondif présent : 202 à 206

H

Hypothèse (expression de l') : 154-159

I

Il (impersonnel) : 110 à 113

Imparfait : 49 à 53-59-60-66 à 68-70 à 72

Incrédulité (expression de l') : 155

Infinitif après verbe : 119 à 121

Interrogation : 1 à 11

Interro-négation : 12 à 15

J

Jamais : 11-17-18-20

L

(se) laisser + infinitif : 143-144-145

Le/l'/la/les (pronoms) : 74 à 77-87 à 89-91 à 93

Le même/la même/... : 182

le mien/la mienne/... 167 à 169

Lequel/laquelle ... (interrogatif) : 172 à 174
(relatif) : 99 à 103

Logiques (articulateurs) : 252 à 257

Lui/elle : 78 à 86

Lui/leur : 73 à 77

M

Mais : 226-228 à 232

Malgré : 231-233-244

Même (le/la...) : 182

Même si : 243-244

Mien/mienne (le/la/les) : 167 à 169

Mise en relief : 107-108

N

Ne... ni... ni : 19-20

Ne... que : 236

Négation : 16 à 20

Ni... ni... ne : 19-20

N'importe qui/quoi/lequel : 179

Non (pas) : 228 à 231

Non plus/aussi : 14

Nulle part : 17

O

Obligation (expression de l') : 153

Opposition : 226 à 232

Où (relatif) : 102-165-166

Où que : 180-233-241

Outre : 257

P

Par ailleurs : 254

Par conséquent : 216-217

Par contre : 226-228-231

Participe passé (accord) : 46-47

Participe présent : 208 à 210

Participe présent passé : 211 à 213

Passé (temps du) : 46 à 72

Passé antérieur : 62 à 65

Passé composé : 49 à 53

Passé simple : 54 à 61-64-65-71-72

Passé surcomposé : 65

Passif : 132 à 146
 – du conditionnel : 40
 – de l'indicatif : 132 à 137
 – du subjonctif : 138-140

Personne (: ne) : 17-18-20-178

Peu : 181

Plus-que-parfait : 48 à 53-65 à 67-69-70

Plusieurs : 176-177

Pour + infinitif : 119-120-221-224

Pourtant : 228-231-244

Pour que : 221

Pronoms démonstratifs : 162 à 166

Pronoms indéfinis : 175 à 182

Pronoms interrogatifs : 170 à 174

Pronoms personnels compléments : 73 à 93

Pronoms possessifs : 167 à 169

Pronoms relatifs : 94 à 109

Propositions complétives : 122 à 130

Q

Que (complétive) : 122 à 130

Que (exclamatif) : 21 à 23

Que (interrogatif) : 170 à 174

Que (relatif) : 94 à 96-102-165-166

Que de (exclamatif) : 21 à 23

Quel (exclamatif) : 21 à 23

Quel (interrogatif) : 5 à 7

Quelque chose/quelqu'un : 178

Quel(le)(s)(les) que soit (soient) : 235-238-241

Quelques-uns : 176-177

Qui (interrogatif) : 171 à 174
(relatif) : 94 à 96-102-103-165-166-212-213

Qui que/quoi que : 180-233-240-241

Quoi (interrogatif) : 171 à 174

Quoi (relatif) : 97-98

Quoique : 131-234-239

R

Restriction : 233 à 245

Rien (ne) : 17-18-20-178

S

Sans + infinitif : 120-121

Se faire/se voir/se laisser : 143 à 145

Seul (un) : 236

Seulement : 236

Si (quantitatif) : 219

Sinon : 228 à 231

Si/oui : 13-15

Souhait (expression du) : 25-153

Style courant/soutenu : 1 à 4

Subjonctif (formes verbales suivies du) : 122 à 131

Subjonctif passé : 147 à 161

Subjonctif passif : 138 à 140

Subjonctif dans la restriction : 237 à 241

T

Tandis que : 230-231

Tant de/d' : 218-219

Tel : 220

Tellement de/d' : 218-219

Toujours : 11

Tous : 176-177-181

U

Uniquement : 236

V

Verbes pronominaux à sens passif : 141 à 145

Voir (se) : 143-144-145

Y

Y (pronom) : 73–80 à 84-88 à 93